誕生から2歳未満までの発達のあゆみ

月齢		0 か 月	1 か 月
発達のあゆみ	健康生活	眠っていてもすぐに目覚める **母乳を飲むための反射** 口唇探索反射・吸綴反射 捕捉反射・嚥下反射	ほとんど眠っているが、目覚めている 時間が増してくる
	姿勢の移動と運動	**原始反射**➡徐々に消失する 　吸啜反射 　把握反射 　反射性支持反応など	
	感覚と手の運動	強い光や物音に反応する	
	人とのかかわり	**微笑反射（生理的微笑）**	
	ことば	不快で泣く	音に反応する

保育で大切にしたいこと
○授乳やおむつ交換など、生活面の世話を通してスキンシップを図っていく。 ○できるだけ同じ人が同じようにかかわっていく。 ○首がすわっていないときは必ず首の後ろを支え横抱きにする。 ○しっかり抱いて目を合わせ授乳する。 ○眠っている時も目を離さないようにして常に状態を把握しておく。

月齢	2 か 月	3 か 月
健康生活	眠りと目覚めを繰り返す 	生活リズムが定まり徐々に安定してくる 眠っている時と目覚めている時がはっきり分かれてくる 授乳の量や間隔が定まってくる 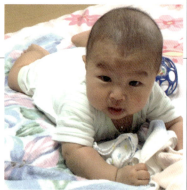
姿勢の移動と運動	ゆっくり動く物を目で追う **手足をバタバタ元気に動かす**	**首がすわる** 腹這いになると頭・肩を持ち上げる
感覚と手の運動	指しゃぶり　**自分の手を口に持っていく** （自分の手を吸う） 人の動きを目で追う	目の前のおもちゃに手を伸ばしてさわる
人とのかかわり	**社会的微笑** 感情の共有	**あやされたり話しかけられるとそれに応えて笑う**
ことば	 **クーイング（「アー」「ウー」等の母音の声を出す）**	強い音や弱い音が出せるようになり、 声の調節が少しできてくる

発達のあゆみ

保育で大切にしたいこと
- ○目覚めている時間が心地よく過ごせるよう環境を整えていく。
- ○応答的かかわりと総合的関係が基本であり、ゆったりとかかわりながら、笑いかけたり語りかけたりすることが大切。
- ○大人とのやりとりで快を感じ積極的に自分を表現し、大人への要求が出せる基礎を作る。
- ○目で見て耳で聞いて楽しめるようなおもちゃを用意したりかかわったりしていく。

4 か月	5 か月
日中目覚めている時間が長くなり、その子なりの生活リズムが安定してくる	離乳食を食べ始める（1回食）
	**腹這いから仰向けに寝返る** 腹這いで伸ばした両腕で上体を持ち上げる  **興味ある物に手を伸ばす**
特定の人が分かってくる ——**色々な声や表情で自分の気持ちを表す**—— 　　　　　　**喃語が盛んになる**	見慣れた人と見慣れない人の区別がついてくる 

〇４、５か月の頃までは人への関心をしっかり育てていくことが大切。
〇保護者や保育者など大人の態度で思いを感じるようになるので、温かい言葉をかけたり相互応答的な関係をつくる。

月齢	6か月	7か月
健康生活	1回の排尿量が多くなる 便性が泥状から軟便になる	離乳食が2回食になる 
姿勢の移動と運動		ずり這いで前に進んだり後ろに下がったりする　一人座りができる
感覚と手の運動	手のひら全体で握る 	手に持った物を持ちかえる
人とのかかわり	人見知り・場所見知りをするようになる	特定の大人への愛着を持つ
ことば	多様な音が出るようになる 	周囲の状況に応じて喃語を言ったり、話しかけられたことばを真似て声を出す 名前を呼ばれると反応する 表情が豊かになる

保育で大切にしたいこと

○人見知りなどは、個々によって現れる時期や現れ方に違いはあるが信頼を寄せる大人がしっかり抱いて、その不安を取り除くようにする。
○何でも口に入れるので、誤飲に注意し、大きさや衛生面には特に留意する。
○離乳食は、便の状態を見ながらゆっくりと進めていく。

発達のあゆみ

8 か月	9 か月
離乳食の形態や味の違いが分かるようになる	
	つかまり立ちをする お座りが安定する 腹這いから自分で座る 四つ這いをする
座ったまま両手を自由に使い遊ぶ 玩具をなめる・噛む・しゃぶる	指を伸ばしたままだが、親指と人差し指でつまむ 両手で持ったものとものを打ち合わせる
	身振りを模倣する ほめられることを喜び繰り返す
	簡単な言葉の理解ができる 名前を呼ばれると分かる 

○子どもが今しようとしている気持ちや動きを見守りながら、その動きやあそびがゆったりと楽しめるようにする。
○腹這いの姿勢でのあそびを十分に経験してから、座った姿勢でのあそびへと誘っていく。
○色々なあそびを通して、手を使ったり、体を移動したりする動きを十分させていく。

月齢	10 か月	11 か月
健康生活	排尿間隔が長くなり、1回の量が多くなる 決まった時間に眠る 昼寝が1日1〜2回になる 3回食になる	
姿勢の移動と運動	高這いをする  **ひとりで立つ/階段を這い這いで登る/探索活動が多くなる**	**伝い歩きをする**  
感覚と手の運動	指を曲げ、親指と人差し指でつまむ 箱の中から出し入れする 物を投げる **指先が器用になる**	
人とのかかわり	後追いが盛んになる	**身振りや声で気持ちを伝えようとする**
ことば	**指さしをする** 制止や大人の言うことを理解する 	**名前を呼ばれると分かる** 

保育で大切にしたいこと

○玩具などをなめたり、口に入れたり噛んだりするので、安全に注意する。
○探索行動が盛んになるので、子どもの様子から目を離さないようにする。
○歩けるようになることを急がせず、這い這いの経験がたくさんできるようにする。
○一人ひとりにゆっくりと話しかけてことばへの興味を高める。

1歳	1歳1か月
日中の睡眠は1日1回になるが午前中に眠くなることがある 食べ物に好みが出てくる 	
片方の手を添えると歩き出す 歩行の始まり	**ひとりで歩く** **行動範囲が広くなる**
手先が器用になる 　物を穴に落とす 　型落としを楽しむ 	手・指を使って周囲に働きかける 手を左右や上下に動かし絵を描く 
他の子に興味を示しじっと見る つかまえごっこや、やりとりあそびを楽しむ 信頼できる大人と情緒的にしっかり結びついている 　後追い・しがみつきなど 　物を他の人へ渡す	**大人とのやりとりやふれあって遊ぶことを喜ぶ** **他児への興味を持つ** 他児の持っている物に興味を持つ 　➡物の取り合い
欲しい物を指さしして要求できる **有意味喃語を言う　（「マンマ」「ブーブー」）** **一語文になる**	 友だちや保育者の名前が分かる

○歩行のし始めの頃はちょっとした段差や物につまずき転倒するので、周囲の安全に配慮する。
○子どもの手の届くところや床に危険なものを置かぬよう、また置き方にも注意する。
○子どもの自我・自主性の発達の基礎となるので、探索活動を十分に保障する。

月齢	1歳2か月	1歳3か月
発達のあゆみ / 健康生活	スプーンを使って食べようとする コップを持ち飲もうとする 	自分で食べようとする 
発達のあゆみ / 姿勢の移動と運動		探索活動が盛んになる 手の機能が発達する 
発達のあゆみ / 感覚と手の運動		つまむ・操作する・出し入れする ひねるなどができるようになる
発達のあゆみ / 人とのかかわり	大人の行動を模倣し始める 	
発達のあゆみ / ことば	片言を話し始める	単語の数が増していく 

保育で大切にしたいこと

○ちょっとした段差や、ものにつまずいたりするので遊んでいるときは細心の注意を払う。
○ままごと・人形あそび・真似っこあそびなど簡単な模倣あそびを保育者と一緒に楽しむことで発語へ誘っていく。

月齢		1歳4か月～1歳6か月	
発達のあゆみ	健康生活	**食事の準備が分かり、自分でもやろうとする**	
	姿勢の移動と運動	**歩くことが楽しく、歩きまわって遊ぶ** 片手を支えられて、階段を足踏みのように一段ずつ降りる	
	感覚と手の運動	**2～3個の積み木を積む** 	
	人とのかかわり	保育者に親しみをもち、一緒に遊ぶことを喜ぶ 泣いている子を見て頭をなでたり顔をのぞき込んだりする	
	ことば	**絵本の中の知っている物の絵を指さして名前などを言う**	

〇子どもの自発的な活動を大切にしながら、時には保育者がやって見せるなどして一緒に楽しんでいく。
〇探索活動を十分に楽しみ、いろいろな素材に触れられるよう安全な環境を整える。
〇子どもの身振りや片言から気持ちを汲み取って共感し、ことばにして返していくことで子どもが安心して気持ちを表せるようにする。

月齢		1歳7か月〜2歳未満
発達のあゆみ	健康生活	**好きな物を自分で食べようとする** ことばかけにより、手や顔を拭こうとする 簡単な衣服は、保育者に手伝ってもらいながら脱ごうとする
	姿勢の移動と運動	ぶら下がる、くぐる、歩いて後ずさりすることができるようになる 
	感覚と手の運動	**絵本を1枚ずつめくる** 
	人とのかかわり	**身の回りの保育者や友だちに関心をもち、かかわろうとする** 人形を抱いたりおぶったりする 
	ことば	保育者の語りかけや声かけを理解して行動しようとする

保育で大切にしたいこと
○子どもが自分でやりたいという気持ちを大切にし、意欲的に生活できるようにする。
○自我の芽生えとだだこねをする姿には、穏やかな気持ちでかかわり、子どもが気持ちを立て直せるようにする。
○保育者と一緒に身近な生活の再現あそびやごっこあそびを、友だちと繰り返し楽しめるようにする。

＊発達の姿は、とても個人差があります。この表はひとつの目安としてご理解ください。

改訂新版

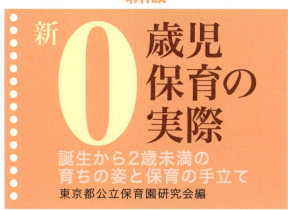

新 0歳児保育の実際

誕生から2歳未満の
育ちの姿と保育の手立て

東京都公立保育園研究会編

『改訂新版 新0歳児保育の実際』の発刊にあたって

　2017年12月、編集に5年の歳月を費やして完成した『新0歳児保育の実際』は、おかげさまで現在5刷り（都合1万部）を重ね、多くの保育者の方々に活用されております。

　本書は前身の『0歳児保育の実際』（1997年発行）の構成を踏襲して、「誕生から1歳3か月未満児の育ちの姿と保育の手立て」といたしましたが、実際の在籍年数に合わせて2歳未満児までの記述がされている方が、0歳児クラスの保育をすすめていくうえで、いっそう活用しやすくなるのではという感想が出されていました。

　また、その後フルカラーで発行した『新1歳児保育の実際』が大変好評だったことから、今回、1歳3か月から2歳未満児までの記述を加え、フルカラーにして改訂新版を発行する運びとなりました。また、これを機に『1歳児』と同様に一般の書店やネットでの購入を可能にし、さらに多くの方に届きやすくいたしました。

　初版発行時より7年の月日が経ち、社会情勢も様々な変化がありました。子どもの人権に配慮した保育がより求められるようになり、感染症の流行に伴う様々な予防対策や自然災害に対する安全対策など、私たち保育者も意識の変化や、保育の変化を求められるような状況となっています。それらを踏まえながら改めて全体を見直し、内容や表記の確認修正を行いました。「不適切な保育」問題が社会問題化されている中での改訂作業でしたが、ならば私たちは本書をとおして、「丁寧で適切な保育」の実際を提示しよう、という願いを込めての作業となりました。

　これからも社会情勢の変化などに柔軟に対応できるよう、各保育園で、各クラスで、保育者一人ひとりが工夫して保育をすすめていくための"基本の書"として、この『改訂新版　新0歳児保育の実際』が、ますます多くの保育者の皆様に活用されますように、また、保育園以外でも0歳児保育に携わる方や、保護者の方々にとっても役立つものになりますことを心より願っております。

　最後になりますが、改訂にあたりお忙しい中ご協力いただきました大田区、中央区のメンバーの方々に心より感謝申し上げます。

　2024年9月27日　　　　　　　　　　　　　　編集委員会代表　遠藤美佳子
　　　　　　　　　　　　　　　　　　　　　　　　　　　　　　松浦　綾子

＊以下に続く「発刊にあたって」（鈴木和子当時会長）、「『新0歳児保育の実際』刊行に寄せて」（堀科先生）、「はじめに」（遠藤美佳子）は旧版刊行当初のまま掲載しております。

発刊にあたって

特定非営利活動法人東京都公立保育園研究会
会長　　鈴木　和子

　このたび、保育所保育指針が10年ぶりに改定されました。今回示された改定の方向
性の中で、乳児保育・3歳未満児保育に関する記載の充実と、さらなる職員の資質・
専門性の向上があげられています。子どもの人格形成の最も大切な時期にかかわる保
育士の責務はますます重要になっています。
　東京都公立保育園研究会では常によりよい保育のあり方を探り、日々の実践の中か
ら学びと研究を積み重ねて参りました。
　子どもの豊かな育ちには、それを保障する人的物的環境が必要不可欠です。私たち
は、先達から受け継ぎ、積み重ねてきた保育を次代に継承し、さらなる質の向上に努
めていきたいと思います。
　20年前に発行した創立50周年記念誌『0歳児保育の実際』も8回の改訂を重ね、こ
れまで多くの保育士の手引書として活用されてきましたが、今回、新たなアンケート
調査の結果も取り入れ『新0歳児保育の実際』として発行する運びとなりました。新
しい保育所保育指針のスタートに向けて学びあう機会に、本書が参考になれば幸いで
す。
　本書の発刊にあたり、ご多忙にもかかわらずご指導いただきました堀科先生をはじ
め、執筆に携わってくださった保育士の皆様、ご協力いただいた園の皆様に心より感
謝申し上げます。

2017年11月

『新０歳児保育の実際』刊行に寄せて

　『新０歳児保育の実際』が刊行される運びとなりましたことを心から嬉しく思います。

　わが国における０歳児の保育の歴史はまだ浅く、それまで一部の園のみであった０歳児保育をすべての園で実施することになるのは、1998（平成10）年の「乳児保育指定保育制度」の廃止を受けてのことです。この時期は、ちょうど本書の前身となる初版『０歳児保育の実際』が東京都公立保育園研究会で編纂された20年前と重なります。当時、いわば手探りの状態であった０歳児の保育をなんとかやり遂げなければと、その時代の先生方がご自分たちの手で作り上げた指南書として、初版は誕生したのであろうと推察されます。

　それから時を経て、現在保育士養成校においては「乳児保育」がカリキュラムに加わり、また乳児保育の専門書も多く世に出ています。そうした中、本書が新しく編纂された背景には、時代とともに保育の内容や子どもの姿に変化が見られること、そして何より０歳児保育の歴史が積み重なり、よりよい保育を実践していこうとする質的な観点が保育者のなかで育まれ、乳児保育の専門性が高まったことを表しています。

　本書『新０歳児保育の実際』の編集作業は、保育終了後の夜間に行われました。各区から有志が集い、各自の取り組みを持ち寄り、各章の担当間による活発な意見交換が行われていました。とくに印象的であったのは、先生方の子どもへの愛情と熱い思いです。議論の中心にあるのは今の保育をもっとよくしたいという思いであり、また現代の保育のありのままの姿をできるだけ忠実に表したいという思い、そしてそれらを次へつないでいきたいという思いでした。こうした保育への先生方の情熱が本書の礎となっており、また本書には現在の東京都公立保育園の保育のありようがより実際に即した形で表されています。

　20年前に5.2％であったわが国の０歳児保育の利用率は、ここ10年あまりで急激に増加し、14.2％（全児童比　平成28年４月現在）と１割強という値になっています。この傾向は本研究会のある大都市圏で顕著であり、今後もより高まることが予測されます。OECDがまとめた報告によると０歳児期からの保育はスウェーデンなど福祉先進国では一般的とはいえず、それらの国では家庭支援に力を入れていますが、わが国はいわゆる施設型の育児を推進する道を選びました。とくに待機児童対策として重点化した乳児期においては、多種多様な保育形態が混在し、多くの新しい園が開園しています。そうしたなか、懸念されることは質的な保障です。

乳児期は、身体的な発育のみならず、言語発達やアタッチメント（愛着）形成など、人が生きていく上で必要な基礎を形成する大切な時期であり、保育の質的保障はとくに重要であるといえるでしょう。保育の質とはいわば子どもをとりまく環境であり、環境とは保育者の専門性そのものをさします。近年の研究により、質の高い保育環境で育まれた子どもは、その後の人生において人とのよりよい関係を形成することがわかっています。一方で、すべての保育環境で質が担保されているとは言い難く、乳児保育の専門性の向上は急務であることも事実です。

　こうした時代に本書が編纂されることは、初版の時代の０歳児保育黎明期の指南書としての役割を終え、成熟期の質的な向上を目指す指南書としての次なる役割を示す意味でも、大変重要なことであったと改めて考えています。
　本書が乳児保育の高い専門性を表す一里塚として、そしてこの思いを次の時代へつなぐステップとして、また何より今、目の前の子どもにかかわる先生方が戻れる場所として、活用されることを願います。

　2017年11月

東京家政大学　堀　科（ほり　しな）

目　次

『改訂新版 新０歳児保育の実際』の発刊にあたって　12

発刊にあたって　13

『新０歳児保育の実際』刊行に寄せて　14

はじめに──０歳児保育をみつめて　18

第1章　育ちの姿と保育の手立て　21

1　出生〜3か月未満児　22

この時期の発達の主な特徴と保育のポイント　22
月齢ごとの発達の特徴と子どもの姿・保育上の心づかい　24
　・1〜2か月未満児　24
　・2〜3か月未満児　30

2　3〜6か月未満児　36

この時期の発達の主な特徴と保育のポイント　36
月齢ごとの発達の特徴と子どもの姿・保育上の心づかい　39
　・3〜4か月未満児　39
　・4〜5か月未満児　45
　・5〜6か月未満児　51

3　6〜9か月未満児　58

この時期の発達の主な特徴と保育のポイント　58
月齢ごとの発達の特徴と子どもの姿・保育上の心づかい　60
　・6〜7か月未満児　60
　・7〜8か月未満児　65
　・8〜9か月未満児　70

4　9〜12か月未満児　76

この時期の発達の主な特徴と保育のポイント　76
月齢ごとの発達の特徴と子どもの姿・保育上の心づかい　78
　・9〜12か月未満児　78

5　12か月〜1歳3か月未満児　84

この時期の発達の主な特徴と保育のポイント　84
月齢ごとの発達の特徴と子どもの姿・保育上の心づかい　86
　・12か月〜1歳3か月未満児　86

6　1歳3か月〜1歳6か月未満児　92

この時期の発達の主な特徴と保育のポイント　92
　・1歳3か月〜1歳6か月未満児　94

7　1歳6か月〜2歳未満児　100

　　　　この時期の発達の主な特徴と保育のポイント　100
　　　　　・1歳6か月〜2歳未満児　102

　　　　●コラム　愛着について　56
　　　　●コラム　乳幼児突然死症候群（SIDS）について　75
　　　　●離乳食の進め方　108

第2章　**保育の中の子ども理解**——一人ひとりの個性を大事に　…………　113
　　　　【事例とコメント】

　　1　食事編　114
　　2　睡眠編　118
　　3　あそび編　121
　　4　散歩編　125
　　5　人とのかかわり編　128
　　6　保護者支援編　134

第3章　**0歳児クラスのあそび**——手づくり玩具とふれあいあそび　………　139

第4章　**0歳児保育の実態調査**　……………………………………………………　147

　　1　アンケート配布から集計にたどり着くまで　148
　　2　アンケート回収園数　150
　　3　アンケート結果　151
　　4　アンケート結果の総括　178
　　5　アンケート結果から見えたこと・感じたこと　180

　　おわりに　182

はじめに——0歳児保育をみつめて

1.『0歳児保育の実際』のあゆみ

　1968年（昭和43年）に公立保育園で0歳児保育（8か月児より受け入れ）が開始され、今年で49年が経過しました。この間、研究会では30周年記念として1978年（昭和53年）に3歳未満児の共同研究の発表と「3歳未満児の手引書」を発刊しました。その後も手引書は手直し増刊を経て39年が経過し、今日まで皆様に活用されてきました。3歳未満児保育は、保育者のたゆまない努力で実践を積み重ね、"子どもの発達の表れは、私たち保育者の保育作用の結果である"という認識のもと、"保育者のかかわりはどうあればよいか"をテーマに、その時々に保育の確かめをしてきました。

2. 現代の保育事情

　『0歳児保育の実際』が刊行された平成9年から現在（平成29年）までに、0歳児の保育所等利用率は10倍以上に増加し、保育所に入所することができない「待機児」が大きな課題となっています。待機児解消の施策として東京都内の保育所は、保護者のニーズに応えた多様な保育施設が急増し、その一方で公立保育園は民営化が進み施設数が減少しています。平成27年の児童福祉法の改正では、保育所の目的が「保育に欠ける」から「保育を必要とする」と改正され、保育所は「子どもを預かる場」から「子どもを育む場」へと変わりました。さらに子育て支援・保護者支援の役割も拡大し、私たち保育者の社会的、専門的役割は注目され、保育所の機能及び質の向上が重要視されています。

3.『0歳保育の実際』の見直しに向けて

　このたびの『0歳児保育の実際』の見直しは、これまでの調査研究をもとに、平成25年度から平成29年度の5年間、年間10回の勉強会を重ね、現在の子どもをとりまく社会事情、保育事情の変化をふまえ、"公立保育園として、保育実践の積み重ねを次の世代へどう引き継いでいくか、どう活用していくか"をテーマに見直しに取り組んでまいりました。

4.『0歳児保育の実際』の編集を通して

　研究グループでは、それぞれの区の保育事情の中で0歳児の保育をどう捉え、実際にどのような保育を行っているのか、長い時間をかけ情報交換を行い、保育を語ってきました。減少している公立保育園の存在価値や保育の質を継承していくためには、公立保育園の保育に携わる職員がこれまでの保育実践の積み重ねに留まらず、専門性の向上を目指すと共に、保護者や社会に対し保育の専門性をアピールしていく必要もあります。今回の『0歳児保育の実際』の見直しは、実際の保育を通し学んできた「発達」や、「人的環境としての保育者」のあり方など、実践から保育を可視化することを意識し、「明日の保育に活かせるための自分たちの参考資料」としてまとめあげました。特に今回新たに調査を行った結果は、現在の公立保育園の実態であり、各園の保育の振り返り、見直しのための資料として活用されることを願っています。『0歳児保育の実際』刊行当初からの保育の姿勢、「子ども、家庭、地域に信頼される保育者であり、常に社会や子どもに目を向け、学びの姿勢でかかわる」は、時代や社会情勢に左右されることなく保育の基本として実践を通し継承していく、このことが私たち公立保育園の保育者の役割だと感じています。

　2017年11月

編集委員会代表　遠藤　美佳子

第 ① 章

育ちの姿と保育の手立て

1 出生〜3か月未満児

この時期の発達の主な特徴

- 眠っている間も頭の向きを変え手足をよく動かす。また、目覚めて機嫌がいいと活発に手足を動かし、吊り玩具を見たり音を聞いたりする。
- 眠りと目覚めを繰り返しながら、少しずつ目覚めている時間が増してくる。
- 不快な刺激（空腹・眠い・おむつが濡れた、窮屈、暑いなど）で泣き、快い状態になると泣きやむ。
- 「アー」「ウー」などと発声するようになる。
- 自分の手を口に入れてなめたりする。

保育のポイント

- 安全に保たれていた母の胎内から生まれ出た瞬間に、子どもはまわりの世界に適応するため、大きな生理的機能の変化に直面する。保育者は乳児の生理（呼吸、循環、消化、身体発達）をしっかり学んでいくことが大切になる。
- 子どもは生理的に、自ら伸びていこうとする力を持って生まれる。感覚器官を通して積極的・選択的に身のまわりの外界に働きかけ自分の

中に取り込んでいく。子どもの表情や様子を的確に読み取り、保育者はこれらに敏感にかつタイミングを捉えて応答していくことがかかわりの基本となる。
- 入園の際は、保護者の気持ちや家庭での生活の仕方をよく理解して、家庭と連絡を密に取りながら保育を進めていく。
- 家庭での具体的な接し方（抱き方、寝かせ方、飲ませ方など）を知り、同じようにかかわり、安心して生活ができるようにしていく。
- 生活の世話は、子どもからの要求（泣くことで表わす）に合わせてかかわり、できるだけ早く快い状態で過ごせるようにする。
- できるだけ同じ保育者が継続的にかかわることが大切となる。
- 同じ抱き方、声、雰囲気、肌の触れ合う感じなど、いつも自分にかかわってくれる保育者（大人）を安心して受け入れ、また、自分からも大人に積極的に働きかけるようになっていく。このことが、大人を信頼していく第一歩であることを認識しておく。
- 子どもは一人ひとり個性的。眠い、お腹がすいた、泣くなどの要求の表わし方は一人ひとり異なっている。必ず個人差を意識するようにしたい。
- 抱く、微笑みかける、話しかけるなど、子どもとかかわる時は、保育者の一方的働きかけではなく、子どもの発声に応え、子どもとやりとりをするような気持ちで、ゆったりとした態度で接していく相互作用を基本とする。

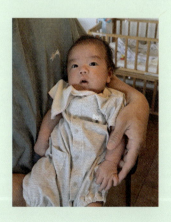

第1章　育ちの姿と保育の手立て

1〜2か月未満児

月齢ごとの発達の特徴と子どもの姿 | 保育上の心づかい

健康生活

○ほとんど眠っているが、目覚めている時間が少しずつ増してくる。
・一日の大半を眠って過ごしていた子どもも目覚めている時間が少しずつ見られるようになり、目覚めの時間がはっきりしてくる。

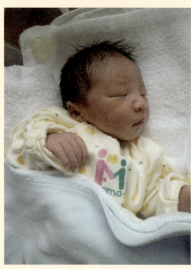

安心して眠る

○空腹になると泣く。

○授乳の量や授乳間隔は一定しない。
・空腹になると目覚めて泣き、満腹になると乳首を離したり顔をそむけたりする。

・授乳間隔は一定せず、前回の量や睡眠との関連、タイミングなどは、まちまちである。

健康生活

《睡眠》
・産休明けと同時に入園してくる子どももいる。入園当初は寝る場所や雰囲気の違いなどに影響され眠ってもすぐに目覚めてしまう。

・十分な睡眠が取れるように静かで落ち着いた環境を整える。

＊乳幼児突然死症候群（SIDS）の予防として
・子どもの表情や様子が観察できるよう保育室は明るくしておく。
・寝かせる時は仰向けに寝かせる。
・寝具や衣類などが口を覆わないよう留意する。
・睡眠中は目を離さずチェックを行い、睡眠チェック表に記録し、常に状態を把握する。
　→チェック項目　75ページ　コラム参照

＊ベッドについての安全確認
・マットは適切な硬さがあり、かけるもの（タオルケットや毛布など）が顔にかかっていないか、発汗の有無などを確認し、かけ方にも注意する。
・ベッドとマットの間に隙間を作らないようにする。

《授乳》
・一人ひとりの飲む量、飲み方、温度、乳首の種類、抱き方などを把握し、その子どもに合った方法で接していく。

・飲める量を見極める。

・できるだけ静かな場所で大人も楽な姿勢で保育者の胸に添うようにやや斜めにゆったりと抱いて目を見ながら授乳する。

・授乳時間は15〜20分を目安として、飲み方を見ながら、様子により切り上げる。

1〜2か月未満児

| 月齢ごとの発達の特徴と子どもの姿 | 保育上の心づかい |

・飲んだ後は背中を下から上に撫で上げるなどして、必ず排気（ゲップ）させる。

排気の様子

○おむつが濡れると不快で泣く。
・排尿間隔は短く排便の時間も定まらない。

《おむつ交換》
・おむつが濡れたらすぐに取り替え、いつも快適な状態で過せるようにする。

・おむつかぶれになりやすいので十分注意する。

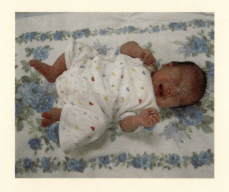

保育メモ

- 一人ひとりの子どもの生理的欲求（不快、苦痛、暑い、空腹、眠いなど）を敏感に察してこれを満たし、できるだけ早く快い状態になるよう接していく。これらの大人のかかわりを通して、安心して次の要求が出せるようにしていく。
- できるだけ同じ人が同じようにかかわり、かかわり方や声の調子、雰囲気などで安心するようにする。
- 世話をする時は子どもと向かい合い、やりとりするような気持ちで、優しく声をかけながら行なう。
- 穏やかな雰囲気作りを心がけ、ゆったりとした態度で接していく。

1～2か月未満児

月齢ごとの発達の特徴と子どもの姿

人とのかかわり

○人の顔に目をとめ、あやすと笑う。
- 目覚めて機嫌がよい時は、あやしてくれる人の姿や顔を見て微笑む。
- あやされるとますますよく微笑むようになり「アーウー」と声を出す。
- 玩具を目の前に出されると、見るような様子が見られる。

○人の動きを目で追う。
- 1か月半ば頃になってくると、人の動きを目で追い、声のする方に向くようになってくる。
- あまり遠くない物なら、少しの間凝視するようになる。
- 音のする方に顔を向けたり、近づいたり遠ざかったりする物を盛んに見るような様子が見られる。

○眠い、空腹、おむつが濡れた、突然の音など、生理的に不快な時、泣いて訴える。

○授乳後、微笑み、抱かれて安心したような表情になるなど、快の表情が見られる。

保育上の心づかい

人とのかかわり

・子どもからの快・不快の要求を察して、保育者がかかわっていくことで、快さを感じられるようにする。この大人とのかかわり合いが、子どもの情緒の発達の基礎となることを心したい。

・子どもと大人の"応答的なかかわり"がこの先の人とのかかわりの基礎となるので、声をかけ、抱いたり肌に触れてあやしたりし、世話をしていく。

・機嫌よく一人でニヤッと笑ったり、授乳後満足そうに微笑んだりしている時は、様子を見守り優しく話しかけたりする。

・相手をしてもらいたいという様子が見られた時は、あやしたり、抱いたり、また、音を一緒に聞いたりして十分に相手をしていく。

・生活の世話や相手をする時は、赤ちゃんの正面から表情豊かに優しく声をかけながら行う。

・保育環境の中でも人的環境がとても大切になる。保育者が愛情を持ってかわいいという気持ちで接していく。

玩具を目で追う

見つめ合う

1～2か月未満児

| 月齢ごとの発達の特徴と子どもの姿 | 保育上の心づかい |

ことば

○目覚めて機嫌がいいと声を出す。
・機嫌がいいと「アー」「ウー」「エー」と声を出して微笑んだりするようになる。
・快、不快を声の調子で表わしたりする。

ことば

・肌に触れ、名前を呼んであやしかけると、大人のあやしかけに応えるように盛んに発声する。この、子どもの発声に合わせて豊かな表情と優しい口調で同じように応えて十分相手をする。

・声を出すことが快い経験となるようにする。

ごきげん

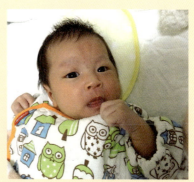

じっと見ている

保育メモ

・泣き声と違う「アー」とか「ウー」の声、クーイング（発声）が表われる。
・口を開けたり閉じたり、舌を出したり引っ込めたり、色々に動かしながら声を出すために、ことばに似たような音が出てきたもので、将来ことばを発音するための準備状態を表わすものとみなされている。

第1章　育ちの姿と保育の手立て

1～2か月未満児

> 月齢ごとの発達の特徴と子どもの姿

姿勢の移動と運動

○寝ている時、頭を左右に動かす。

○目覚めている時、手足がよく動く。
・足をピンピン動かし、手を盛んに動かす。
・あやされたりすると動きが止まり、そして応えるかのようにまた動かす。また、突然音がするとビクッとして手足を伸ばしたりする。
・声のする方に向こうとする。

手は握り顔は横に向けている

> 保育上の心づかい

姿勢の移動と運動

・目覚めている時は様子を見て、声をかけながらゆっくりと抱き上げる。

・機嫌よく手足を動かしたり、見たり聞いたりして過ごせるように、静かな雰囲気を心がけ、子どもの動きや衣服に留意して見守る。

・首がすわっていないので、姿勢を変える時は必ず首の後ろに手を添える。

> 保育メモ

《抱き方》
・子どもの抱き方は、首がすわっていない生後3か月頃までと、首がすわった後では配慮の仕方が色々違う。子どもが好み、安定する抱き方で大人の胸にゆったりと抱っこして行なうように留意する。

〈首がすわっていない時〉
・首がすわっていない時は、首が前後にガクンとなるので、必ず首の後ろを支えて抱く。
・仰向けの時は、首の後ろに手を当て、掌でしっかりと頭と首を支えてから反対の手で背中からお尻に手を回し抱き上げる。
・抱っこした時、背柱を伸ばすようにする。

〈首がすわってきたら〉
・首がすわってからも抱き上げたり寝かせたりする時は、首が不安定になりやすいので、状態に合わせて首の支えをする。
・子どもが窮屈にならない姿勢で抱っこする。

1　出生〜3か月未満児

1〜2か月未満児

月齢ごとの発達の特徴と子どもの姿

感覚と手の運動

〇突然の大きな音に敏感に反応する。
  ・突然の大きな音や他の子の泣き声にとても敏感で、びっくりして泣き不快感を表す。
  ・泣いていても気持ちのよい音を聞くと泣き止む姿も見られ、音を聞き分けるようになる。

〇明るい光や赤などの明るい色をじっと見る。
  ・光やはっきりした色に目を向け見入るようになる。

保育上の心づかい

感覚と手の運動

・少しずつ目覚めている時間も増してくる。子どもがまわりの雰囲気を感じながら見つめたり、音を聞いたりするようになってくるので、快い音や色などに留意し、あそびを中断しないようにする。

・見る、聞くなどができやすいように、吊り玩具を吊るしたり、音楽や歌を聞かせたり、玩具であやすなどして感覚の発達を促していく。

吊り玩具を見つめる

保育メモ

〈人・物の環境〉
・子どもと保育者の"応答的なかかわり"と"相互関係"が基本であり、大人のかかわりは環境としてとても重要である。
・同じ保育者が継続的にかかわり、一対一の関係をしっかりと確立していく。
・保育者の動きや声などに留意する。
・集団の人数や月齢差が大きい集団では、月齢や一人ひとりに応じた生活ができるように工夫する。
・月齢の小さい子が大きい子の声に驚いたり、動ける子が近寄ってきて危ない場面もあるので、場所を分けたりするなどの工夫も考える。
・保育室は穏やかで安全かつ衛生的に保つこと。

第1章　育ちの姿と保育の手立て

2～3か月未満児

月齢ごとの発達の特徴と子どもの姿

健康生活

○眠りと目覚めを繰り返す。
・眠りと目覚めを交互に繰り返し、しだいに目覚めている時間が増し、はっきりしてくる。
・空腹や不快になると泣いて目覚め、生理的に満たされるとしばらく目覚めて遊ぶようになる。

めざめ

○満腹になると乳首を舌で押し出したり顔をそむけたりして、自分で適量を知らせるようになる。
・まだ授乳量はその都度変わり一定しない。
・飲みながら眠ることが多い。

○空腹や不快になると泣く。

授乳の様子

○排尿間隔が少しずつ長くなる。

保育上の心づかい

健康生活

《睡眠》
＊突然死（SIDS）の予防のために睡眠中の子どもの状態を把握し、睡眠チェックのたびに記録をする。
・窒息を含む突然死（SIDS）につながるうつ伏せ寝でなく、仰向けに寝かせる。
・目覚めて機嫌よく過ごすには、その子に必要な睡眠が十分にとれることが大切。静かな環境で安心して眠れるように配慮する。
・子どもの表情や様子が観察できるよう、部屋は明るくしておく。
・よく眠れる環境として室温、換気、採光に留意し、生活音や突然の音（ドアの開閉、物の触れ合う音、保育者の言動など）などで、眠りを妨げないようにする。
・陽の光、エアコン、扇風機の風が直接子どもに当たらないように留意する。
・寝ついてもすぐに目覚めてしまうこともあるので抱いたり、優しく体に触れ、安心して眠れるようにする。

《授乳》
・少しずつ哺乳量が増してくるが、授乳間隔や量は一定しない。その子のペース（要求）に合わせて様子を見ながら授乳する。
・ミルクを飲むより眠気の方が強い場合は眠気を優先して寝かせる。
・なるべく同じ人が授乳することで、安心して飲めるようにしていく。

《おむつ交換》
・おむつは、汚れたらすぐに取り替えるようにする。
・清潔に気をつけながら、「気持ちがいいね」「さっぱりしたね」などの声をかけながらスキンシップを図っていく。
・便の回数が多く、排尿の間隔も短いので、おむつかぶれをおこしやすい。排便後はきれいに拭き取り、状態に応じ少量のぬるま湯で優しく洗い流す、湯で温めた布で拭く等の配慮を行なう。
・便性には常に注意する。
・授乳中の排便は手早く取り替え、さっぱりしてから続ける。

30

1 出生〜3か月未満児

2〜3か月未満児

月齢ごとの発達の特徴と子どもの姿

《沐浴》
- 子どもは新陳代謝が活発で、汗やあか、さらに便・尿によって汚れやすく、あせもやおむつかぶれなどができてしまう。そこで沐浴や清拭により、清潔を保つことが大切になってくる。
- 初めて沐浴する時は子どもの負担にならないように注意し、嫌がったり、泣いたりした時はすぐに切り上げ安心感が持てるようにしていく。
- 体調を把握し、気温、室温に留意し、湯温の確認や沐浴に必要な準備をしっかりと整え、安全に細心の注意をして行う。
- 沐浴の手順・やり方をマスターして、保育者もことばをかけながら楽しく行うようにする。
- 沐浴後は、水分補給をする。

きもちいい

保育上の心づかい

《おむつ交換》 各月齢参照
- おむつは子どもの皮膚に直接当たるので、安全と衛生面に留意する。
- 基本的には濡れた時、排便があった時に取り替える。授乳後、食事前後、散歩前後、睡眠前後など濡れていないか留意する。
- おむつ交換台を使用する時は、転落の危険性があるので、保育者は子どものそばから離れないこと。必要なものを準備して子どもを台に寝かせ、交換後のおむつ等の始末も子どもをおろしてから行なう。
- おむつの交換をする時、股関節脱臼の予防のため、4〜5か月くらいまでは、お尻を手で支えるようにして取り替える。4〜5か月を過ぎても極端に足を持ち上げないようにする。
- 腹式呼吸をしているので、腹部を圧迫しないよう、おむつはへそより下の位置にあてる。
- お尻を拭くときは、お尻の前から後ろに向かって拭く（後ろから前に拭くと、便などが尿道や膣に入り炎症をおこすことがある）。
- 男の子はおちんちんの後ろや陰のうのまわり、女の子は陰唇の中が汚れることが多いので、注意する。強く拭きすぎないよう、押さえるように優しく拭く。
- おむつかぶれがひどい時は、状態に応じて湯で温めた布などで拭くなどの配慮をする。
- 排便の時は、便の状態、色、臭い、混入物等をよく観察し、排便時間、回数を記録しておく。
- 排便に変化があった時は、注意深く取り扱い、気になることがあれば看護師に報告する。必要に応じて保護者に様子を伝える、確認するなどの対応をする。
- 排便時のおむつ交換は、使い捨て手袋を使用する。また、下痢便時には感染を避けるため、使い捨てのおむつ交換シート等を使用する。
- おむつ交換をした時は石鹸で手を洗う、手指消毒などを行なう。

「保育所における感染症対策ガイドライン」より

＊保育所における感染症対策ガイドラインには
　＜下痢の対応・ケアについて＞
　＜便の処理とお尻のケアについて＞
　に詳細が載っているので参考にするとよい。

同様に
　＜嘔吐の対応・ケアについて＞
　＜嘔吐物の処理について＞も参考になる。

第1章 育ちの姿と保育の手立て

2～3か月未満児

月齢ごとの発達の特徴と子どもの姿

人とのかかわり

○大人のあやしかけに応えるように発声したり微笑んだりする。
- 名前を呼んだり体に触れたりしてあやすと応え、ニコッと笑うようになる。また、あやしかけに応えるように「アーアー」と声を出す。

○動く人や人の顔をじーっと見る。
- 近くの物がよく見えるようになり、人の動きに目をとめ、人の顔をじーっと見つめるようになる。
- やがて水平に動く物を目で追うようになる。

○快・不快がはっきりしてきて、人の顔をじーっと見て、微笑みかけには微笑みで応じ、嫌な時は不快な表情をするようになる。

○抱かれているとおとなしい。
- 不快（あつい、騒々しい、いつもの抱き方と違うなど）で泣き、抱かれると泣きやみ満足そうにしている。

じっと見つめる

保育上の心づかい

人とのかかわり

・目覚めている時間が心地よく過ごせるように環境を整え、子どもの様子に添ってかかわっていく。

・目覚めてひとりで見たり聞いたり、手足を動かして機嫌よく過ごしている時は、見守ることが大切。

・必要以上にあやしすぎたりすることは、過度の刺激になるため、その時の状態を見極めてかかわっていく。

・子どもが見ている物を一緒に見たり、聞いている物を「きれいな音ね」と声をかけたり、子どもの気持ちに寄り添い、快の感情を育てていく。

・なるべく同じ人が世話をして、子どもが大人とのやりとりの快さを感じ、積極的に自分を表現し、大人への要求が出せるように、その基礎をつくっていく。

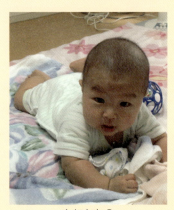

なにかな？

保育メモ
・2か月前半と後半では、見る、聞く、声を出す、体を動かすなど、めざましい発達をとげる。これらの全体発達をよく理解したうえで、かかわっていく。

2〜3か月未満児

月齢ごとの発達の特徴と子どもの姿

ことば

○目が合うと「アーアー」と声を出す。
・2か月も後半になってくる頃、自分の方から「アーアー」と声を出し保育者を見ると「アーアー」と呼んだりする様子が見られる。
・音や声が聞こえると聞き耳を立てるような表情をする姿も見られる。

○「アー」「ウー」などの発声をする。
・「アー」「ウー」と話しているように、一人で盛んに声を出す。
・口を開けたり閉じたり舌を出したり引っ込めたりする。

保育上の心づかい

ことば

・子どもからの盛んな発声に同じように応え、保育者も優しい笑顔で語りかけながら「そう、嬉しいの、お話しているのね」「気持ちいいのね」などと、情緒的なことばをかけて相手をし、声を出すことが楽しいひとときになるようにする。そして、子どもからの応答を引き出して、相互関係をつくる。

目が合うと声を出す

保育メモ

〈大人と子どもの相互作用〉
・保育は、保育者がただ一方的に働きかけるのでなく、子どものほうからも保育者に能動的に働きかけている。保育者は子どもからの働きかけ、いろいろな動きや表現に寄り添ってかかわっていくことが大切。大人のかかわりが適していれば、子どもは快い状態になり満足感を表す。その逆に、不快を長引かせてしまうこともある。
・大人のかかわりに、子どもは敏感に反応して、また、大人がこれに応えて行動する。これを、大人と子どもの"相互作用"という。

第1章　育ちの姿と保育の手立て

2～3か月未満児

月齢ごとの発達の特徴と子どもの姿

姿勢の移動と運動

○眠っている間も手足をよく動かす。
　・眠っている間も手足がよく動き、時にはその動きで目覚めることもある。
　・かけているバスタオルやベビー毛布を両足で蹴り、ずれてしまうこともしばしばある。

○眠っている間も頭の向きを変える。
　・眠っている間に頭を左右に動かしどちらか一方にばかり向く子どももいる。

○仰向けの姿勢で体の位置を変えることがある。
　・目覚めている時間が長くなり、吊り玩具を見たり人の動きをじーっと見たりする。

○手足を盛んに動かす。

○うつ伏せ姿勢にすると頭を少し持ち上げる。
　・少しの間なら頭を少し持ち上げることができるが、頭は両側に揺れ動く。

保育上の心づかい

姿勢の移動と運動

・動きを妨げないように衣服に留意する。

・抱っこされると嬉しそうにして、立て抱きを好む傾向があるが、首がすわるまでは、できるだけ水平にしてしっかり支えて抱く。

・少しずつ体の位置を変えたり、手や足もさらに活発に動くようになるので、体のそばに玩具を置いたり、玩具であやしかけたりして、自己活動を十分にうながす。

頭、あげられるよ

水平に抱っこ

2〜3か月未満児

月齢ごとの発達の特徴と子どもの姿

感覚と手の運動

○物をじーっと見つめる。
・2か月後半になると焦点もしっかりと合うようになり、吊り玩具をじーっと見つめたり、ガラガラを振って音が出ると聞いたりしながらさらにじっと見入る。

○動く物を盛んに追う。
・目の前でガラガラを振るとしっかりと見て、ガラガラをゆっくりと動かすと頭を巡らせて目で追うようになる。

○鈴などの音、大きな音や思いがけない音などに敏感に反応する。
・オルゴールや鈴などの快い音色で動きを止め、音のする方に顔を向けて聞く。
・大きな音にはびっくりして不快感を表わし泣く。

○手のひらに触れた物をつかもうとする。
・両手はしばしば軽く開くようになる。
・物に触れると反射的に握ろうとする。

○ガラガラなど持たせると少しの間握るが、すぐ落とす。
・開いた手に軽くガラガラを触れさせると、持とうとして少しの間握るが、すぐ手が開いて落とす。

○自分の手をなめるようになる。
・口に当たった自分の手をなめようとする。
・手を動かしているうちに偶然口に触れ、しだいに上手に握りこぶしが口に入りなめる。

保育上の心づかい

感覚と手の運動

・感覚の発達が目を見張るばかりに活発になり、子どもは今までになく、とても生きいきとしてくる。また、手の動きも少しずつ見られるようになるので、見る、聞くなどの活動から触れる活動へとつながっていくような環境を整えていくことがこの月齢では大切。

・自分の手を見つめたり、玩具を注視したりして、遊んでいる姿を見守り、目が合った時には優しく応えるようにする。

・静かで穏やかな雰囲気を配慮し、大きな物音や生活音（ドアの開閉、水道の音など）、保育者の動きや会話などで、子どものあそびが妨げられないように注意する。

・優しい音色のガラガラなどで、視野に入るようにゆっくりと左右に動かしあやす。
また、吊り玩具は距離や角度に注意して見えるようにし、楽しんでいるときには見守り、時に「楽しいね」など、共感の言葉をかけたりする。

・興味が持てるような握りやすい玩具や、振ると音の出る玩具を用意し、遊びだせるようにする。

・玩具は安全と清潔に常に留意する。

自分の手をなめる

上手に手を入れられた

2 3〜6か月未満児

この時期の発達の主な特徴

- 首がすわる。
  首がしっかりすわり、あちこち自由に向けるようになる。腹這い姿勢で遊ぶようになる。
- 生活のリズムが徐々に定まり安定してくる。目覚めている時間がますます長くなり、睡眠時間や授乳量・授乳間隔も徐々に定まってくる。
- しだいに夜と昼との区別がつき始め、夜まとまって眠るようになる。
- 離乳食を食べ始める。
  ミルク以外のものを、飲んだり食べたりするようになる。
- いつも世話をしてくれる保育者が分かってくる。
  人の動きを盛んに目で追い、自分の方からニコニコと笑いかけるようになる。やがて見慣れた人と見慣れない人の区別がつき始める。
- 表情が豊かになり、甘える、怒る、〜して欲しいという要求など、自分の気持ちを声や表情で表わすようになる。
- 喃語が盛んになり、月齢が進むにつれていろいろな声が出せるようになる。
  保育者に能動的に話しかけ、声を出して要求するようになる。
- 腹這い姿勢で手のひらで上体を支えて、ぐーんと頭を持ち上げ、少しの間その姿勢を保てるようになる。
- 寝返りをする。
- 自分の手をなめたり、手や指をもてあそぶようになる。

●視覚が発達して遠くの物が見えるようになり、周囲の物を追視するようになる。
●音のする玩具を喜び、見る、聞く、振って音をだしたりなめたりする。
●玩具をしっかり持てる　→　持ち替える　→　両手に一つずつ玩具を持つ。

なめたり、手で遊んだり

足がつかめるようになったよ

保育のポイント

●3〜4か月になると"吸うこと（吸啜）"と"飲み込むこと（嚥下）"が連動しなくても、口の中にミルクを溜めたり一気に飲み込んだりすることができるようになる。
この時期、"遊び飲み"が始まる。この遊び飲みが離乳食へのステップの第一歩となる。
●一人ひとりの発育・発達の状態や、食べたいという気持ちの表われをみながら離乳食を開始する。
日々の健康状態を観察し、離乳開始へ向けて無理なく準備を進めていく。
一人ひとりの"離乳食の進め方"を保護者と確認し合い、家庭でも試してもらう。

- ●朝の目覚めの時間や授乳の時間など、一日の生活リズムの大切さを保護者に伝えていく。
- ●発育状況や月齢を考慮しながら沐浴や外気浴を取り入れていく。職員間で方法や配慮を理解していくことが大切になる。
- ●目覚めている時は、子どもの様子を見ながら姿勢を変え、適切に相手をして周囲に対する興味や関心が育つようにする。
- ●感情の発達に伴い、人間関係が育ってくる時期なので、できるだけ同じ保育者が愛情深くかかわっていく。同時に、子どもからの能動的な働きかけを見逃さないようにして、これに応答的にかかわることが大切になる。
- ●喃語が盛んになり、調整しつつ発声することができるようになる。
- ●子どもからの発声や、訴えたい気持ちを察して応えながら発声を促し、楽しくやりとりをしていく。
- ●姿勢を変えたり、移動運動が可能になってきたりするにつれて、子どもの表情も明るく活発になってくる。子どもの目の高さや手の届く範囲に留意し、安全や玩具の置き方などには、細心の気配りをして、あそびを充実させていく。
- ●首がすわり、腹這い姿勢で遊びはじめ、感覚器官も著しく発達してくるので、あそびが十分できるようにする。
- ●吊り玩具や握り玩具などを子どもの手近なところに用意して、見る、握る、なめるなどが十分できる環境をつくる。また、玩具を選択するときは大きさや、安全性など十分留意する。

排気（ゲップ）の様子

3～4か月未満児

月齢ごとの発達の特徴と子どもの姿

健康生活

○日中の睡眠は2～3回となる。
- 眠っている間と目覚めている時がはっきり分かれ、目覚めていても泣かずに機嫌よくしていることがある。
- 個人差があるが、夜と昼との区別がつき始め、夜中は1～2回授乳してもらう。
- 眠くなるとぐずぐず言ったり泣いたりして知らせる。
- まわりの音に敏感で、目覚めてしまうことがしばしばある。

楽な姿勢でゆったり授乳

○授乳の量や間隔が徐々に定まってくる。
- 一人ひとりのミルクの量や授乳間隔・眠る・遊ぶリズムが徐々に整ってくる。
- 目覚めて遊ぶ時間が長くなり、お腹がすいてくると泣いて知らせ、ミルクを飲みながら入眠することが多い。

○授乳中、物音や人の動き、他の子の泣き声で飲むことに集中できなくなる。
- まわりの動きや人の声、また、違った人が授乳するなど、いつもと違う雰囲気にとても敏感で集中して飲めなくなることがある。
- 満腹になると乳首を押したり、手で払いのけたりする。

保育上の心づかい

健康生活

《生活のリズム》
- 生活のリズムが徐々に安定し、一定時間眠り、ある程度飲む時間も定まってくる。子どもからの要求に応えながら、いいリズムで過ごせるように飲み具合やあそびの様子などを見て、無理なくリズムをつくっていく。
- 機嫌のいい時は、周りの様子を気にしないで遊べるように環境を整える。あそびに飽きたらあやしたり抱いたり気分転換して、目覚めている時間を楽しく過ごせるようにする。

《睡眠》
- 音に敏感で、物音がするたびに手足をびくつかせて目覚めてしまうこともあるので、子どもが一番安心して眠れる姿勢を把握して、ベッドの位置や向きなどに気をつけ、眠れるようにする。
- うつ伏せ寝は、窒息を含む突然死（SIDS）につながるので、必ず仰向けにする。
- 必ず大人から見える位置に寝かせ、目を離さず眠っている時の呼吸や顔色を確認する。

《授乳》
- まわりの動きや音に敏感で、飲むことに集中できないことがあるので、飲む場所は一定にして静かな雰囲気になるようにする。
- 排気をしていない子に対しては、溢乳がないか窒息に気をつけ注意深く見る。
- 一人ひとりの授乳リズムを把握し、できるだけ一定のリズムで飲めるように心がける。また、量も少しずつ増してくるので子どもの要求を見極め、たっぷり飲めるようにしていく。
- 授乳は大人がゆったりとした気持ちで子どもの目を見ながら行う。
- 見慣れた顔と、そうでない顔が分かり始めるので、できるだけ決まった保育者が授乳する。

保育メモ

- 授乳クッション・授乳椅子などの活用。
  授乳の時に安定した姿勢で居ることができ、大人もゆったりとした気持ちで赤ちゃんと向き合うことができる。

第1章　育ちの姿と保育の手立て

3〜4か月未満児

月齢ごとの発達の特徴と子どもの姿	保育上の心づかい

健康生活

○急に泣き出したり、あやしても泣きやまなかったりすることがある。

○おむつを交換してもらうと気持ちよさそうに声を出したり足を動かしたりする。

健康生活

《水分補給》
・授乳間隔が長くなると喉が渇くことも考えられる。とくに汗をかく時期は、こまめに湯冷ましを飲ませるなど水分補給を行なう。

《おむつ交換》
・おむつ交換は「気持ちいいね」「さっぱりしたね」などと、声をかけながらスキンシップを図っていく。

《冬季の留意事項》
・室温や湿度を把握し、暖房を使用する際は加湿器も使うことが望ましい。また感染症予防の観点から意識して換気も行なう。
・肌の乾燥がひどい場合は、保護者や看護師と連携し、個別に対応していく。

気持ちよくなったよ

外気浴
・散歩やベランダなどのあそびを通して、個別に配慮しながら徐々に外気浴を取り入れていく。
・外気温、風、日差しに気をつける。
・湿疹のある子どもには十分注意をする。
・外気浴中は子どもの状態をよく観察し、負担にならないようにする（時間、場所、気温）。
・気分が開放され、様々なものに興味を広げている子どもに優しく語りかけたり、歌を歌ったりし、十分楽しめるようにする。
・外気浴後は、状況に応じて水分を補給する。

保育メモ
・静かで穏やかな雰囲気の中で、飲む・眠る・遊ぶのリズムをつくっていくようにすることが大切となる。
・眠くなったらゆったりと寝かせ、おむつが濡れたら早く気持ちよくなるように取り替え、空腹を訴えたら授乳するなど、子どもの要求に応じて世話をし、生理的欲求を満足させ、一日が心地よく過ごせるようにしていく。このようなかかわりが生活のリズムをつくる基礎となる。
・通風、採光、室温などを考慮し、快適な環境で過ごせるようにする。
・保育室は衛生面や清潔に常に留意し、安全面への配慮や防災に対する意識など、職員間で確認しておくようにする。

3〜4か月未満児

月齢ごとの発達の特徴と子どもの姿

人とのかかわり

○あやしたり話しかけられたりするとよく笑う。
- 声をかけられたり、体に触れてあやされたりすると嬉しそうに声を出して笑い、反応が明るくはっきりしてくる。

○自分の気持ちを声や表情で表わし始める。
- お腹がすいた、おむつが濡れた、眠いなどの生理的要求だけでなく、相手をして欲しい、あそびに飽きてきたなど、泣く声の調子や表情を変えて要求する。
- 気に入らないことがあるとそっくり返るようなしぐさで、体全体で表現したりすることもある。
- 一人あそびに飽きると保育者を呼ぶようにぐずる。

○保育者や他の子どもの動きを盛んに目で追い、そばにくると自分の方からニコニコと笑う。
- 3か月後半になると目覚めた時いつも大人がいる方を探すように見て、目が合ったり話しかけられるとニッコリ笑ったりする。

○抱っこすると表情や体で喜びを表わす。
- 声をかけられたり、抱かれたりすると体全体で嬉しさを表わす。

○身のまわりの様子や雰囲気に関心を示すようになる。
- 保育者の動きを盛んに目で追う。
- 他の子どもの大きい泣き声に驚きつられて泣き出すこともあり、まわりに気づき気持ちが向くようになる。
- 戸外に出ると機嫌がよい。

保育上の心づかい

人とのかかわり

- 表情や泣き声などで、うれしい、いやだな、などの気持ちを理解して対応し、不快な時は抱っこをして声をかけたり、歌いかけたりして気分転換を図っていく。保育者が気持ちを受けとめることで、子どもが自分の気持ちを十分にだせるようにする。

- まわりの物音にも敏感で、他の子どもの泣き声などで泣いたり不安な表情を見せたりすることもあるので、様子によりすぐ抱っこして安心させる。

- できるだけ担当の保育者がことばをかけながらかかわり、大人との結び付きの基礎をつくっていく。

- 子どものそばを離れる時は「ちょっと待っててね」などと、優しく声をかけながら保育者の行動をことばで伝えてから行動する。

- おとなしい子ども、激しく泣く子どもなど個性がはっきりしてくる。特に、おとなしい子どものサインを見落とさないようにし、一人ひとりが満足するようにかかわっていく。

- 一人で遊んでいる時間を大切にし、たっぷり遊べるようにする。

- 名前を呼んだり、優しく話しかけたりして、手足に触れ、軽くくすぐったりしながら、じっくりとふれあいあそびの相手をする。

第1章　育ちの姿と保育の手立て

3～4か月未満児

月齢ごとの発達の特徴と子どもの姿	保育上の心づかい
ことば	**ことば**

ことば

○喃語が盛んになる。
・色々な声が出せるようになり、ときどき高い声を出したりする。
・「ブブブ」と唇を合わせて音を出す。
・人がいると盛んに声を出し、喃語に抑揚がつき、話しているように声を出す。
・泣き声も叫びのような音から、かわいらしい声になり、強い音、弱い音も出せるようになる。

○あやされたり、話しかけられたりすると「アーアー」などと言う。
・自分への話しかけを喜び、反応が活発になる。
・目を合わせて話しかけられるとこれに応えるように「アーアー」「ウックン」「クークー」と声を出し、まるでおしゃべりしているよう。また、機嫌のよい時は手足を動かしながらよく声を出すようになる。

ことば

・子どもからの発声に大人も積極的に応える。

・一対一で子どもの発声に同じように受け答えして、やりとりを楽しむ。

・表情豊かにあやしたり、歌を歌ったり、リズムよく体に触れたりして、子どもの発声を豊かにしていく。

アーアー　ウックン

> **保育メモ**
>
> ○大人への信頼感を育てることがポイントとなる。
> ・子どもからの積極的な人への関心が見られ、じーっと見るようになり、身のまわりの状況もなんとなく分かり始める。また、自分の気持ちを泣き声で表わすなどの感情の表現も育ってくる。
> ・この時期、これらの発達が十分に育つようにすることが大切。
> ・一人ひとりの要求の表われを見落とさないようにして、何を求めているかを理解し、これにできるだけ早く応じて快い状態にする。

3〜4か月未満児

月齢ごとの発達の特徴と子どもの姿

姿勢の移動と運動

○首がすわる。
- 抱っこした時、首を支えないで立てて抱いても首がふらふらしないで安定してくる。
- 引き起こした時、頭がしっかりと一緒に持ち上がる。
- 座位で側方に傾けると頭を垂直に保とうとする。
- 膝に抱いて立たせると背を立てようとして力を入れる。

○周囲の動く物を目で追う。
- カーテン、吊り玩具、風にゆれる木の葉などの動きのある物を見ようとする。

○仰向けで頭をあちこち自由に向ける。
- 仰向けで顎を上げて頭を反らすようにして後方を見ようとする。
- 抱いて歩くとキョロキョロと辺りを見回す。

○腹這いにすると頭と肩を持ち上げる。
- 前腕で体を支えて頭や肩を持ち上げると同時に両足で突っ張ねる力が強くなる。

○手かざしをする。
- 仰向けで握りこぶしを顔の上にかざして見つめ、手首を回しながら色々な角度からこぶしをじっと見つめたりする。

保育上の心づかい

姿勢の移動と運動

- 腹這い姿勢で徐々に遊ぶ時間を持つようにする。

- 好きな玩具を見せたり、近くに置いたりして、遊ぶ環境を整える。

- 保育者も子どもの目の高さになり、微笑んだり話しかけたりして一緒に遊ぶ。

- 苦しそうになったら体位を変える。

- 抱っこする時は、しばらく首の後ろを支え、安心して抱っこされる快さが感じられるようにする。

- おむつ交換時には、手足を屈伸したり軽くマッサージしたり、開放感を味わえるようにする。

- 仰向けで少し遠くを見て、動く物を追うようになるので、玩具を上下左右にゆっくり動かして見せ相手をして遊ぶ。

- 見た物に手を出して握ろうとするようになってくるので、玩具を置く位置や子どもからの距離などを配慮する。

首がしっかりしたでしょう

にぎにぎ

第1章　育ちの姿と保育の手立て

3～4か月未満児

月齢ごとの発達の特徴と子どもの姿	保育上の心づかい

感覚と手の運動

○握りこぶしをなめたり指を口に入れてしゃぶったりする。
　・口に当たるとペロペロなめ、次第に手を口に持っていき盛んになめる。

○自分の手や指をもてあそぶ。
　・両手を自分の顔の前に持っていき、じっと眺めたり、口に入れようとしたりする。

○握り玩具を手のひらに乗せると握っていることができる。
　・しばらくの間、離さないで握っていられるようになる。

○手に触れた物を握って口に持っていき、なめる。
　・手を口に入れるばかりでなく、手に持ったガラガラなどを口に入れる。
　・何でも口に入れるようになり、次第に動作が滑らかさを増し、物の形状に動きを合わせられるようになる。
　・顔に触れた物を取ろうとして手を動かす。

○音のする玩具を喜ぶ。
　・オルゴールメリーや起き上がりこぼしなど、動いたり音がしたりすると顔を動かし自分で捉える。

○音のする方へ顔を向け、じっと見つめたり追視したりする。目の前にある吊り玩具に手を伸ばしてつかもうとするような行動も見られる。
　・目や表情、体全体でその物を捉えようとする。

感覚と手の運動

・子どもは、感覚器官を通して、外界とふれあい自分の中に取り込んでいく。

・吊り玩具や、握り玩具などを子どもの手近なところに用意し、見る、握る、なめるなどを楽しめるようにし、感覚機能の発達を促していく。

・玩具の形、色、大きさ、安全性に留意し、場所や空間を整え、物に対して積極的な関心が育つようにし、さらに手の働きが活発になるようにしていく。

・手や口に触れながら、その物をよく知り、理解していく段階へと発達していくように協調性や随意的な動作を見守っていく。

・音の出る物や、赤や青などの色のはっきりした玩具、色々な感触の玩具など、振って見せ、また、吊ったり、身のまわりに置いたりして手に触れて遊べるような環境をつくる。

・優しく、美しい音色の玩具を選ぶ。

・あそびの相手をする時は、見守る、一緒に遊ぶ、直接体に触れて軽くくすぐって遊ぶなど、子どもの喜びの表現を見ながら適切なかかわりをする。

・握り玩具や自分の手指を口に入れるので、常に清潔や安全に気を配る。とくに手作り遊具は流水で洗えるか、水拭きができ、乾く素材であること、破損しにくいという視点で選び、日常的に点検を行ない、安全に留意する。

これなあに

これ持ちやすいね

4〜5か月未満児

月齢ごとの発達の特徴と子どもの姿

健康生活

○日中目覚めている時間が長くなり、生活のリズムが一定してくる。
- 眠りにつくまで時間がかかる子どももいてミルクを飲んでいる間は眠らなくなる。
- 眠くなると指を吸う子どももいる。
- 一度目覚めても、リズムよく背中に触れたり、抱っこやおんぶをすることで再眠する。

指しゃぶり

子どもは2〜3か月になると、自分の手や指を盛んになめてもてあそぶようになります。そして、眠くなった時や、途中で目覚めてしまった時などに自分の指をしゃぶりながら眠ったりします。また、ミルクを飲んで満腹感の余韻を楽しんでいるような時も、うっとりとしたように指しゃぶりが見られることもあります。

眠っていることが主であり、空腹などの生理的な強い刺激で目覚めていた子どもが、ミルクを飲んで満腹になっても機嫌よく起きていられるようになり、目覚めて遊ぶ時間がしだいに長くなってくるという発達が見られるようになります。

少し遊んでから眠るという姿になった頃、子どもはあそびに疲れたり、興奮したりすると指をしゃぶりながら自分で興奮を収めるようになります。ですから、指しゃぶりをしながら眠るという行動パターンは、発達にごく自然に表われるものだと考えることが必要です。さらに発達してくると今度は、指しゃぶりをしなくても眠れるようになってきます。

しかし、もっと発達が進み、とても活動的になってくる年齢になっても遊ぶことが見つからないで指をしゃぶっているようになると、どうしてなのかを心配しなければならないでしょう。こんな時は、子どもの気持ちを身のまわりにある玩具や物へ目を向けるようなかかわりをし、大人とのかかわりを積極的に持てるようにして楽しめるようにしていくことが大切です。

保育上の心づかい

健康生活

- 一人ひとりの生活のリズムや行動の表れ方（長泣き、指吸いなど）に留意して、よく眠りたっぷり飲める環境をつくる。そして、保育者と一緒に食事に向かうことが楽しみになるように心を配りながら、少しずつ離乳食開始への準備をしていく。

- 24時間のサイクルで、いつも同じような生活の流れで安定して過ごせるようにしていく。

- 家庭での授乳や状況を把握して、生活のリズムづくりについて話し合っていく。

- 子どもに働きかける時は、ゆったりと子どもからの要求（声や表情や手足の動きなど）を受けとめ、それに合わせたあやしかけや声かけが大切となる。

- 一方的な声かけではなく、子どもが表現の主体となれるように、お互いのやりとりを楽しみ心地いいリズムを共有できるようにしていく。

《睡眠》
- 夜の睡眠のリズムが日中の生活（あそび、食事、睡眠）に影響してくるので、早寝、早起きのリズムができるように家庭と連絡を取り合っていく。
- 途中で目覚めやすい子には、早めにそばに行き再眠できるようにする。
- 立て抱き抱っこをされながら眠る子どもや、寝つくまでに時間がかかる子ども、寝ぐずりをする子どもなど、眠りにつくまでの癖やパターンが見られる。気持ちよく眠れるには抱っこするなど、癖を理解して安定するようにする。

おてての味は？

第1章　育ちの姿と保育の手立て

4〜5か月未満児

月齢ごとの発達の特徴と子どもの姿	保育上の心づかい

健康生活

○ミルクを飲みながら周囲の物に興味を示し、キョロキョロ見回したり、触ったりする。
・一人ひとりのミルクの量が増え、安定して飲めるようになる。
・ミルクを飲むことが分かってきて、哺乳瓶や保育者の顔をじっと見つめ、また、哺乳瓶を触ったり片手を添え、保育者の指を触ったりして飲む。
・授乳後は満足そうにしたりもっと飲みたいというような表情をしたりする。

○食べたいという気持ちが見られる。
・他児が食事をしているのを見て、口をムニャムニャ動かしたりよだれを垂らしたりするようになる。

○スプーンから飲もうとする。
・スプーンから飲むときは最初は口が閉じずダラダラとこぼれるが、しだいに口を閉じこぼれなくなる。
・スプーンを近づけると口を開けて唇でスプーンを挟むようになる。

ごっくん

○排便すると泣くことがある。

健康生活

《授乳と離乳食の準備》
・いつも自分にかかわってくれる保育者が分かってきているので、同じ保育者が授乳する。
・信頼している人と一緒に飲むことで安心して飲めることが大切。

・スプーンに慣れる経験も無理のないように進めていき、口を閉じてゴックンと飲めるようにしていく。

・授乳後は満足して機嫌がいい時なので、大人もゆったりとした気持ちで相手をしていく。

《おむつ交換》
・おむつ交換は一対一のふれあいを大切にして、話しかけたり体に触れたりしながら取り替える。

4〜5か月未満児

月齢ごとの発達の特徴と子どもの姿

人とのかかわり

○あやしたり話しかけたりすると、それに応えてはっきりと喜びを表わし声を出して笑う。
・あやされることが分かり、口を大きく開けて声をたてて笑ったりするようになる。

○担当保育者が分かってくる。
・担当保育者がミルクを飲ませると嬉しそうに安心して飲む。

○「アーアー」と大人を呼び身近な人の声を聞き分ける。
・担当者が抱っこすると表情や体で喜びを表わす。

○あそびに飽きると泣いて訴え、あそびの相手をするとまた一人で遊ぶ。

○表情が豊かになり目を合わせると一段とよく笑う。

○色々な声や表情で自分の気持ちを表現する。むずがったり、怒ったり甘えたりするなど、声や表情で表わす。
・自分で出した声を味わっているかのように、色々な声を出しながら機嫌よく過ごす。
・保育者がそばを離れると「ンーンー」と呼ぶように甘えるような声を出したりする。
・「ギャー」「キーキー」とかん高い声を出して怒ったり、気に入らないと「ウー」と手を払いのけたりする。

○見知らぬ人を見るとじーっと見る。
・見知らぬ人があやしたりそばを通ったりすると、じーっと見たりはっきりと目で追い不思議そうにする。

保育上の心づかい

人とのかかわり

・徐々に人の見分けがついてくる時期であり、安定した関係の中で、好きな人への子どもからの積極的なかかわりを伸ばしていく。

・「アーアー」(相手をして欲しいと要求)と呼んだ時など、いつもかかわっている好きな人が相手をして、不安にさせないようにする。

・話しかけると顔をじーっと見つめながら、話をするように手足を動かし嬉しさを表わしてくるので、話したい気持ちを十分に受けとめていく。

・「○○ちゃん」と名前を呼び、嬉しい気持ちを引き出していく。

・一人で遊んでいる時は温かく見守り、むやみに声をかけないようにする。

・「いないいないばぁ」で遊んだり、くすぐりあそび、気持ちのいいリズムをとって体を軽く揺らして遊んだりする中で、相互のやりとりを楽しんでいく。

保育メモ

・4か月を過ぎると、顔もしっかりしてきて丸みをおび、表情も本当にかわいくなる。そして、人とのかかわりをますます求めてくるようになる。満足いくようなかかわりを十分にして、大人への親しい感情が育つようにし、信頼関係をつくっていくことがポイントとなる。

第1章 育ちの姿と保育の手立て

4〜5か月未満児

月齢ごとの発達の特徴と子どもの姿	保育上の心づかい
ことば	**ことば**
○盛んに喃語を言う。 ・「ウッヒャー」「アッア」など、色々に喃語を言い、保育者が相手をするとさらに楽しそうに盛んに発声する。 ・喃語に抑揚がつき話をしているような声を出す。 ・受け身だけでなく能動的な態度で「ブー」などと声を出し、お話をしているような素振りをする。 ○「アーアー」と大人を呼ぶ。 ○声を出して自分の要求を表現する。	・保育者が子どもからの発声に応じて、スキンシップを図りながら話の相手をすることにより、色々な発声を楽しませる。 ・機嫌のいい時は盛んに声が出るので、保育者も目を見て優しく話しかけ、心の交流を大切にする。 ・子どもの世話をしたり保育者が行動したりする時は、必ず声をかけてから行う。

アーアー ねえ聞いて

あやされて ニッコリ

2　3〜6か月未満児

4〜5か月未満児

月齢ごとの発達の特徴と子どもの姿

姿勢の移動と運動

○仰向けから横になり頭をのけ反らせて寝返ろうとする。
・仰向けで両足をぐーんと持ち上げ横向きになり、もう少しで寝返りしそうな様子を見せる。

○脇を支えて立たせると足をツンツンさせたりピーンと突っ張ったりする。

○腹這いで腕に力を入れて頭や体を起こす。また、手足を活発に動かす。
・腹這いの時、肘で体を支えて上体を上げる。
・腹這いにすると手のひらで体を支えてぐーんと頭を持ち上げる。
・腹這い姿勢で床を触ったり玩具に手を伸ばしたりして触り、しばらく遊ぶようになる。
・離れてしまった玩具を追い、身をよじって取ろうとする。

○どんな姿勢を取らせても首はしっかりすわり、あらゆる方向を見るようになる。

○足の力が強くなり、力強く床を蹴ったり、体を活発に動かしたりする。
・足をバタバタ動かしているうちに少し場所を移動することがある。
・足で蹴って上に進むことがある。

○自分の両足を持って体を左右に揺らしたりなめたりする。

保育上の心づかい

姿勢の移動と運動

・腹這い姿勢で満足するまで遊ばせると共に、腕による上体支持を十分に経験させる。

・子どもの様子を見ながら、腹這い姿勢の時間を徐々に伸ばしていく。

・嫌がる子どもには無理をさせないようにし、楽しく遊びながら徐々に慣れるようにしていく。

・玩具などを手近なところに置き、動きを誘うようにする。

・体つきもしっかりしてきて、盛んに手足を動かすようになるので、動きのあるあそびが楽しめるようにしていく。

・見る、触れる活動を十分にして、興味を持った物に向かう（目的）運動ができるように、「ここだよ、おいで」などの声をかけて誘っていく。

・上体を持ち上げ、お腹を軸にして方向を変えようとする動きを見守る。

・膝に乗せて優しく揺すってあげたり、くすぐりあそびなどの"ふれあいあそび"をしたり、保育者も一緒に遊び楽しむ。

・子どものしようとしている"姿勢の移動やその子の動き"を妨げないように適切に援助する。そして、その動きを十分に保障する。

・寝返りの前にうまくいかずに泣く子どもがいるので、様子を見ながら少し手を添えて寝返りをそっと援助したり玩具で動きを誘ったりする。

からだをひねって

できた

第1章　育ちの姿と保育の手立て

4〜5か月未満児

> 月齢ごとの発達の特徴と子どもの姿

> 保育上の心づかい

感覚と手の運動

○自分から物に手を出し握ったり、両手を組み合わせたりするなど手が活発に動くようになる。
・両手は開き、玩具を見せると自分から手を出し握って遊ぶ。
・吊り玩具に手を出し、握ろうとする。
・そばにある玩具に手を伸ばして引き寄せるようにして握ったり、顔を近づけたりしてなめる。
・胸の上で指を絡ませたり、指を左右交互にギュッと握ったりする。そして、顔の上で手を組み合わせて見るようになる。

○玩具を持ち替える。
・動く玩具や振ると音の出る玩具に興味を示す。

○音の出る玩具を振って音を出すことができる。
・握り玩具を持ち替えたり、振ったりなめたりして遊ぶ。

○玩具を口に入れる。
・握り玩具を持ったままニギニギしたりする。
・手に触れる物をつかむとすぐに口に入れてなめる。

感覚と手の運動

・吊り玩具や引っ張ったら音が出る玩具などは、吊るす位置や距離に留意し、握り玩具と同様子どもが積極的にかかわれるようにして、好きなように見る、持つ、振る、なめるなどを楽しみながら、感覚機能が発達していくようにする。

・玩具の選び方、種類、置き方など、子どもの発達やあそびの様子を見て配慮する。
（物に対する興味や認知する力が育つことが玩具を選ぶポイント。）

・玩具の清潔、安全は絶対条件であり、素材、色、形、音に留意する。

・遊んでいる子どもの様子を見守りながら「きれいな音ね」「楽しいね」などと、子どもの気持ちに添ったことばをかけ、相手をする。

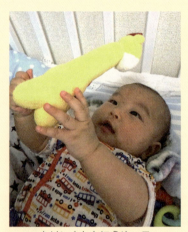

キリンさんとにらめっこ

> **保育メモ**
> ・物をなめて確かめたり、指をしゃぶったりすることを盛んにするようになり、色々な物を知っていくので、安全に留意して十分に楽しめるようにする。また集団生活においては、感染症予防の点から日常的な衛生管理を適切に行なうことが重要。

5〜6か月未満児

月齢ごとの発達の特徴と子どもの姿	保育上の心づかい

健康生活

〇日中2〜3回の睡眠でぐっすり眠れるようになり、一回の睡眠が安定する。

〇離乳食を食べ始める。
　おかゆ、野菜スープ、野菜のマッシュなどを食べる。

〇初めての食品は、舌で押し出したり、顔を横に向けたりする。
　おかゆの粒に抵抗感を示す子もいて、舌で押し出したり、指を口に入れたりする。
　慣れてくると押し出すこともなく食べるようになる。

〇徐々に食べたいという気持ちが増してくる。
　・離乳食に慣れてくると食べたい気持ちが表われてきて、テーブルに向かって抱っこして座ると体を弾ませて声を出して嬉しそうにする。

〇唇を閉じてゴックンと飲む。
　・唇を閉じてスプーンから取り込むことが徐々に上手になり、ゴックンと飲み込むことができるようになる。
　・後半になってくると、スプーンをよく見ていて、近づけると口を大きく開けるようになる。
　・食器やスプーンを握って引き寄せようとする。

〇ますます動きが活発になってきて眠る、食べる（飲む）、遊ぶリズムが安定する。
　・授乳しながら入眠することが少なくなり遊ぶ時間が長くなる。

〇排尿しても泣かないことがある。

健康生活

《睡眠》
・途中で目覚めた時は、肩や腕に心地よいリズムで触れたり、抱っこをして背中をさすってあげたりして、再眠できるようにする。

《離乳食の開始》
・家庭との連絡を密に取りながら、一人ひとりの状態に合わせて離乳食を開始していく。
・健康状態に留意し、子どもの食べたいという気持ちの芽生え（他の子が食べているのを見て、口を動かす、よだれが出る、身を乗り出すなど）を見ながら進めていく。
・保育者がゆったりとした気持ちで子どもを膝に抱き、子どもが期待をもって食べられるように「食べようね」などのことばをかけ、表情や食べ具合を見ながら、すすめるようにする。
・「おいしいね」など穏やかな語りかけで、楽しい雰囲気で食べられるようにする。
・子どもの口にあったスプーンを使用し、1回の量が多すぎないように留意して、唇に触れるようにしながらスプーンを舌の上にのせる。子どもが自分から、あむと口をとじ、取り込みやすいように介助する。食べてほしい気持ちから、スプーンを傾け、流し込まないように注意する。
・初めは、ダラダラと口から出してしまうが、しだいに口を閉じて飲み込めるようになってくるので、子どもの経験を見守っていく。
・初めての食品やおかゆの粒々などは、喉ごしが悪く抵抗感があるので、よくつぶし滑らかにして、様子を見ながらあげていく。無理な時はやめて次の時にあげてみる。

《排泄》
・興味の対象が広がり、あそびや物に関心が向くようになるこの時期、生理的に排尿していた時期から、排泄が意識下に組み込まれてきて排尿しても泣かなくなる。
・子どもからのサインが出なくても、気をつけておむつを見ていく。
・おむつ交換を嫌がり泣く姿も見られるので、あやしかけながら手早く取り替える。

第1章　育ちの姿と保育の手立て

5〜6か月未満児

月齢ごとの発達の特徴と子どもの姿	保育上の心づかい

人とのかかわり

○見慣れた人と見慣れない人の区別がつき始める。
・身近な人がよく分かるようになり、担当保育者、次にクラスの保育者がよく分かり、姿を目で追い続ける。
・特に担当保育者には、より親しみのあるしぐさをする。
・「おいで」と手をさしのべると自分から身を乗り出す。
・抱かれていると、抱いている人の顔をいじる。
・知らない人にあやされているとしばらくじーっと見て不安そうな顔をする。

○気に入らないことがあるとそっくり返るなど、自分の要求を強く出すようになる。
・〜して欲しいという要求が以前にも増して強くなり、声もはっきりと出すようになる。
・あそびに飽きると甘え、泣いて保育者を呼ぶ。
・遊んでいた玩具を他の子どもに取られてしまうと、「オーオー」と怒ったような声を出して泣く子もいる。
・眠い時など、気持ちを訴えて泣くようになる。
・目覚めると「ウーウー」と何回も呼んだりする。

○他の子どもがそばに来ると、機嫌のよい時は自分の方からニコニコと笑いかける。

○気分転換が少しできるようになる。
・あそびに飽きて泣いても、抱っこしたり、違う玩具をあげたりすると気分が変わりまた遊ぶ。

○何かを期待するような表情が見られる。
・「いないいないばぁ」や、くすぐりあそびをしてもらうととても喜び、次を期待するような表情をする。

人とのかかわり

・いつも自分にかかわり、世話をしてくれる人が分かり、甘える、そばにいて欲しいなどの様子が見える。また、まわりの状況を鋭く感じとり、困惑、不安、驚きなどの表情を見せたり、身近な人と知らない人を見分けるなど、感情が発達してくる。これらの表現が十分できるようにし、担当保育者が子どもからの要求に積極的にかかわり、信頼関係の基礎をつくっていくことが保育のポイントとなる。

・生まれてからの半年は、人への関心、親しみ、信頼感を育てる時期であることを心して接していく。

・親しい大人との一対一の関係を求める様子がはっきりしてくるので、できるだけ同じ保育者がかかわり、親しい感情を表現できるようにしていくと同時に、見知らぬ人に不安感を募らせないようにする。

・大人と遊ぶことをとても喜ぶようになる。"いないいないばぁ"などで、体を触れ合って十分に遊ぶ。

・玩具を取られたり、あそびを邪魔されて不安になったり怒って泣いている時は、抱っこしたり、別の玩具をあげたりして気分の転換を図っていく。

・子どもから離れる時は「〜してくるからね」「待っていてね」と声をかけてから行動する。子どもとかかわる時は、遊んでいる様子を見ながら、タイミングよく声をかけるようにする。

・不必要な声かけやかかわりは、子どもが集中して遊ぶことを妨げてしまうことになる。子どもの気持ちに添って、一人で遊ぶ様子を見守る時と、しっかり相手をする時を見極めてかかわることが大切。

5～6か月未満児

| 月齢ごとの発達の特徴と子どもの姿 | 保育上の心づかい |

ことば

○発声を楽しみ、お話をしているかのように自分から盛んに声を出す。
- 「キャーキャー」「アーアー」「ウーウー」「ウンマー」「ブー」「ワーワー」などお話をしているかのように、自分から盛んに声を出しおしゃべりをする。

○声の種類も増し、色々とおしゃべりを楽しむ。
- 声を出すことが楽しいというように喃語を言う。
- 大人が「ぷーぷー」として見せると一生懸命真似しようとする。
- 「ブーブー」「プップッ」などと唇を合わせて音を出す。

○何かを取って欲しい時や不快な時など、大人の注意を引くように大きな声を出して要求する。

○声の調節をしながら発声することができるようになる。
- ふっくらした声、大きな声や小さな声、とぎれとぎれの発声、唾液がたまっておもしろがって吹き出してみるなど、声の調子を変化させて感情を豊かに表現する。

ことば

- いろいろな発声ができるようになり、話すように「アー」「ウー」「ブー」とおしゃべりする様子が見られる。笑顔で語りかけたり、表情豊かにあやしたり、歌を歌って心地よく過ごせるようにする。

- 食事やおむつ替え、着替えの時など、生活に合わせて「～しようね」「にんじんね」などと、ことばをかける。

- 話しかけると顔をじっと見つめながら話をするように応えてくるので、保育者も同じように声のやりとりを楽しむ。

- 一人で機嫌よく声を出して自分の声を楽しんでいるような時は、優しく見守る。

「ねえねえ」「なあに？」

保育メモ

- 舌の奥と口蓋の間でウグーウグーや、唇を動かしてアイウエー、アブーブブー、舌打ちをするようなチュッ、アジャ、タタ、など多種多様な音が出る。
- 泣き声の時代は過ぎ去って、調節しつつ発声することができる。
- 機嫌のよい時は短い音でプップッというが、機嫌の悪い時は長くて少しかん高い音が出る。少なくとも感情の表現を、音声にゆだねることができるようになったことを意味する。
- 周囲に向かって反応しながら感情や情緒の表現として泣き声を出す。声を大きくしたり小さくしたり、とぎれとぎれに区切ったりする。発声の機能が発達したというだけでなく、外に向かって連絡の手段として声を使う。
- 感覚器官や脳の働きがかなり発達してきたことになる。

第1章　育ちの姿と保育の手立て

5～6か月未満児

月齢ごとの発達の特徴と子どもの姿

姿勢の移動と運動

○腹這いで体の前に手をついてぐーんと上体を持ち上げる。
  ・腹這いでかなり楽な姿勢が取れるようになり、手足をバタバタして床を叩いて遊ぶ。
  ・機嫌のよい時、両手両足を動かして飛行機の格好をする。

○寝返りをしそうになり、やがて寝返りができるようになる。
  ・最初はまるで勢いをつけるかのように声を出して寝返る子もいる。
  ・うつ伏せから、仰向けに寝返る時、勢いあまって床にぶつけることがある。

○前屈型ではあるが、しばらくの間、支えられて座ることができる。

ひこうき　ぶ～ん

保育上の心づかい

姿勢の移動と運動

・寝返りの時期やその仕方は、一人ひとりによりかなり異なる。子どもの様子を見守り、少し手を添えたり、玩具で誘ったりするなど、楽しく体を動かすようにしていく。

・寝返り開始の頃は、腕が体の下に入り、抜けなくなったり、頭をぶつけたりすることもあるので、目を離さないようにする。

・顔や頭を上げる、手を伸ばす、ずって這う、足で蹴る、玩具を握って振るなど、その子どもの動きを見守り、全身運動や協応動作が楽しめるように相手をする。

・腹でずって前進しようとしている時は、見守りながら足の踏ん張りを支えたり、前方に玩具を置いたり、子どもの動きを誘う。

・お座りは、この月齢では気分転換として経験する程度とし、長時間にならないように配慮する。

お座りについて

・お座りは腹這いの姿勢で自分の手が十分に使え、両手で上体を支える段階から片手で上体が支持できるようになることと、お腹を軸にしてぐるぐる回ることができるようになることが基本となる。
・その頃になると、手も使えるようになるので、お座りもできるようになる。
・自分から座れるようになり、お座りの姿勢からはいはいができるようになるまで、基本的にはお座りは待つことが大切となる。

保育メモ

・一人ひとりの運動発達をよく見極めて安全に留意し、自由で自然なその子の動きができるようにする。また、玩具の置き方などに留意し、興味の増す環境を十分配慮する。手や足の動きが妨げられないように、衣服の着せ方にも注意する。
・寝返りは、子どもが自分で自分の体を移動できる感動的な発達である。行動の範囲が広がってきて、見る、聞くことと相まってあそびも違ってくる。
寝返りができるようになると、子どもは満足感と自信に満ちてくる。
このことを理解して、子どもの喜びを受けとめていく。

5〜6か月未満児

月齢ごとの発達の特徴と子どもの姿

感覚と手の運動

○大人の親指を握らせて引き起こすと上体を起こす。
・手を突っ張ったり、膝を曲げたりして運動する。
・膝の上でリズムを取りながらピョンピョンと屈伸させてもらうことが好きで、何回も「ウーウー」と催促し自分から屈伸する。

○体のそばにある玩具に自分から手を伸ばし触る。
・興味のある物に自分から手を伸ばし、それをつかんでよく遊ぶようになる。
・動いている玩具を目で追って自分で取る。

○玩具を振る、床に打ちつけるなどの姿が見られるようになる。
・しっかりと持ち、手の力が強くなる。

○何でも手でつかみ、口に入れて確かめる行動が続く。
・見た物をつかむ、音がすると見てつかむ、布をかけると取るなど、協応動作がしっかりとしてくる。

○玩具を差し出すと両腕を活発に動かしてつかみ、玩具を持つとかなりの時間握っている。

○ハンカチのような布を顔にかけると手で払いのける。

○両手に一つずつ玩具を持っていることができる。

○手首や指の大まかな動きができるようになる。
・人差し指から４本指を使って玩具を触り、手のひらで叩くようにして、玩具を回したりする。

保育上の心づかい

感覚と手の運動

・見る、聞く、触れる、打ちつける、つかむ、引っ張るなどが満足するまでできるように、音や色彩、形、操作のできる玩具などを用意して、興味や関心が引き出される環境をつくっていく。

・興味のあるほうへ体を移動させようとしたり、興味のある物を見つけては手で触れて、回したり、試したりするようになる。保育室の安全に留意し、子どもの目の高さに玩具を用意して、目、手、口の協応動作をうながしていく。

・毎日玩具の点検と、衛生管理を行う。

・自分の手を見たり、なめたりして機嫌よく遊んでいる時は見守るようにする。

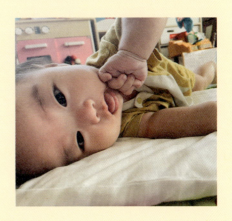

保育メモ

・目、耳、手の働きや、協応動作を促すような働きかけをして、感覚機能が発達していくようにする。

第1章　育ちの姿と保育の手立て

　コラム　愛着について

愛されてこそ育つ、自分の未来を切り開いていく力

　4月、保育園入園1日目。
　「おはようございます」
　0歳児新入園児の保護者の方たちは、着替えやおむつなどのたくさんの荷物と、これから慣れていくのだろうか、大丈夫かしら、という不安を両手いっぱいに抱えて玄関に入ってきます。わが子の名前とマークのついた靴箱を見つけると、嬉しそうに「ほら○○ちゃん、ここにあったよ」と話しかけています。まだ当分靴が入ることはありませんが、わが子の居場所のひとつを見つけて、ほっとした様子でクラスの方へ向かって歩いていきました。今後6年間続いていく朝の風景、そのうしろ姿に「どうぞよろしく、これから一緒に頑張ろうね」とそっとエールを送りました。

　入園直後は、慣れ保育と呼ばれる通常の保育時間より短めの時間で保育を進めます。最近では、職場復帰に関してずいぶんと理解が深まり、慣れ保育を考慮して4月の後半から復帰する方も多くなってきました。保護者が安心して復帰初日を迎えられるように、お子さんの様子を第一に考えながら、1〜2時間ぐらいから徐々に時間を延ばし、お食事までで降園。次はお昼寝をして、無理をせず目覚めたらお迎えの連絡をして降園。目覚めても機嫌よく過ごせるようになると午後食を食べ、一日保育へというような流れで進めることが多くなっています。

　クラスの方はと言えば、新入園児健診での親子の様子や面談での情報をもとに、子どもたちを迎える準備を整えます。クラス職員全体で子どもたち全員にかかわることはもちろんですが、私の園では担当制という方法で、一人の子どもに対し、決まった保育者が受け入れ、食事、排泄、睡眠、降園時保護者への受け渡しなどを行います。生活面やあそびでも担当が中心となり、じっくりと子どもにかかわることにより、安心感や信頼感が生まれ、子どもにとっての『保育園でのお母さん、お父さん』になっていくのです。

　これまでご両親と濃密な時間を過ごしてきた子どもたちにとって、保育園入園は "人生初めての試練" といったところでしょうか。4月初めの0歳児保育室はまさに泣き声の大合唱。担当する子ども2、3人がいっぺんに泣き出しても抱っこができる手は2本しかなく、おんぶをしたりラックでゆすってみたり、歌を歌ったり、安心できるよういろいろ試して担任は汗だくの日々です。やっと機嫌が直ったと思うと誰かの泣き声につられて、また泣き始め……とガックリすることもたびたびです。それでも "泣いて抱っこしてもらい" "泣いておむつを替えてもらい" "泣いてミルクを飲ませてもらい" "泣いて寝かせてもらう" ……そんな日々を過ごすうち、"抱っこしてもらい笑って" "おむつを替えてもらい笑って" "ミルクを飲ませてもらい笑って" "機嫌よく目覚めて笑い" と笑って過ごす時間も増えてきます。この頃になるとようやく「あー関係ができてきたなあ」と保育者もほっと一息つけるような気がします。
　園に慣れてきた子どもたちがかわいくて、0歳児室に行くと声をかける私ですが、どんなに笑顔を向けても子どもは担任のエプロンを握りしめ、早く過ぎ去ってと横を向き

56

ます。"担任はいいなあ"と事務室に戻る私です。

　担当だけでなくクラスでの担任や保育室にも慣れてくると、機嫌よく過ごせる日も増えてきます。保育者の声かけにじ～っと顔を見入ったり、歌を歌うと手足をパタパタ振ってみたりと、かわいらしい姿にますます声かけも多くなってくる時期です。
　　生理的欲求をタイミングよく満たしてくれる人がいる。
　　笑いながら歌を歌ってくれる人がいる。
　　困って泣くと「あらどうしたの？」とタイミングよく助けてくれる人がいる。
　　いつも見守ってくれる人がいる。
　このことが大きな安心感となり、一歩踏み出すチャレンジにつながっていくのです。

　この時期の子どもたちの成長、発達はめざましい。
　「ほら、ここまではいはいしておいで～」──ゆっくりゆっくりはいはいしたら、先生が楽しい玩具を持って「上手だね」って。
　「立っちが上手になったね、窓の向こうにおにいちゃんたちが遊んでいるよ」──よいしょ、本当だ、たっちをしてみたら、にぎやかな声がする～。

　「いつも見ていてね」──「見ているよ～」
　「困ったら助けてね」──「大丈夫だよ～」
　そんな関係が、自分の感情をそのまま出して生きていていいということ、それを肯定してくれる人がいて人とは信頼できるものだという、社会で生きていくための基盤につながっていきます。

　地域の子育て支援の役割を担う保育園では、様々な事情を抱えた親子の受け入れをしています。
　いつまでも緊張が取れない、なかなか笑顔が見られない方、子どももいつも心細げな表情をしています。そんな親子に少しでも寄り添える保育園でありたい。
　保育園での丁寧なかかわりを通して、子どもと楽しい時間を共有することで信頼関係ができてきます。子どもとの関係をもとに、子どもの姿が変わってきたらその時がチャンス。
　「○○ちゃん、ご機嫌で過ごせるようになりましたよ」。子どもの成長を喜びを持って伝えることによって、保護者の不安が少しずつ軽くなりその姿も変わってきます。
　「○○ちゃん、こんなこと頑張っていましたよ」。今まで不安でいっぱいだった保護者の表情が、ほんの少しでも笑顔になってくれたら、私たち保育者はこんな嬉しいことはありません。
　「そんな時、保育園ではこんなふうにするとうまくいくから、やってみたら」。少しずつ少しずつ、一人ひとりにあわせて関係を築いていくのです。子どもも保護者も一歩ずつ。

　子どもにとって、これから長い人生のスタート地点で出会う社会、保育園の先生たちとの出会いが愛情と信頼に満ちたものであることを、私は心から信じています。
　いろいろな人とのかかわりを通して、いろいろな感情を持って生きてゆく中、愛され育っていくことで得られる基本的信頼感と自己肯定感こそが、自分自身を信じ人に愛情を持ってかかわっていく、社会の中で生きていく力となるのです。

（中央区・松浦　綾子）

3
6〜9か月未満児

この時期の発達の主な特徴

- 離乳食が進み、1日2回食となる。
- 食べ物や食器に手を出したり、早く食べたいと声を上げたり、嫌になると向こうを向いたり遊び出したりする。
- 人見知りや場所見知りをする。いつも世話をしてくれる親しい人に愛着を示す。
- 大人に相手をしてもらうことを喜び、あやしことばや、くすぐりあそびの繰り返しが好き。
- 「アワワワワー」など盛んに喃語を言って、ご機嫌で遊んでいることが多くなり、相手をする大人の声を真似しようとする。
- 発音の進歩が著しく、今までは一音節だったものが、「レロレロバアーバアー」など二音節になってくる。声を模倣するという意図が表われ始める。
- 寝返りが自由自在になったり、お座りしたり、這い出したりと動きが活発になってくる。
- 行きたいところを目指して、好きな姿勢で行動する。
- 見た物や触れた物は何でもつかんでは、なめたりしゃぶったりして確かめているが、その玩具で遊ぶようになる。
- 好奇心が少しずつ表われてきて、おやっ？　と思う物に向かって手を出し、大きい物より小さい物を目ざとく見つけ、つまもうとする。

保育のポイント

- 離乳食は一人ひとりの状態に合わせて進めていく。
- 食べ物に手を出したり、自分から食べようとしたりする姿に添って、食べやすいようにスプーンにのせたり、小皿に取り分けたりして、自分で食べる意欲を大事にしていく。
- 見知らぬ人、見知らぬ場所に対して、泣いたり不安を表わすが、親しい大人には姿を求めたりするなど愛着行動が強いので、その求めに応じて安心感をもたせるようにする。
- 親しい大人との関係は、あやされたりする快さを経験してさらに強くなるため、歌あそびや手あそび、くすぐりあそびなどリズミカルでユーモラスなもので相手をしながら、人との関係を育てていく。
- 声を真似るようになり、聞いたものを自分でやってみるなど、色々発音を試している時期なので、一対一で十分に相手をして、徐々に発音とことばを結びつけていく。発音する楽しさや、大人とのやりとりの楽しさを知らせていくようにする。
- 寝返り、お座り、這うなどの運動が盛んになるので、安全で活動しやすい環境を整える。あそびを工夫して（玩具を見つけるなど）十分に動いて遊ぶ経験を保障する。得意げな表情や態度を見逃さず、一緒に喜び、一つひとつの運動機能が身につくようにする。
- 物をしっかり持つということは、物をしっかり見ることと結びついているので、手の操作性を高めるあそびや探索行動の芽を大切に見守る。

6〜7か月未満児

| 月齢ごとの発達の特徴と子どもの姿 | 保育上の心づかい |

健康生活

○うつ伏せで眠ることが多くなる。
　・入眠前、ごろごろ体を動かして落ち着ける姿勢を探すようになる。

○眠った後は機嫌よく遊ぶ。
　・午前の食後に入眠し、まとめて１時間から２時間半くらい眠れるようになる。

○食べ物、食器を見ると喜ぶ。
　・食べ物を見ると声を出し「アーアー」「ウーウー」などと手足をバタつかせて喜ぶ。
　・早く欲しくて「ウーウー」と催促したりする。

○離乳食を喜んで食べ、ミルクを残すようになる。
　・食べることに慣れ、スプーンを近づけると口を大きく開ける。

○１日２食となる。
　・水分の少ないマッシュ状の物は食べにくそうにする。
　・周囲の物音や声が気になり、集中して食べられない時がある。

○スプーンからの取り込みが上手になる。
　・スプーンを唇ではさんで、食品を取り込むことが上手になる。

○おむつ交換時、足を動かしたり体に触れたりすると声を上げて喜ぶ。
　・すぐ寝返って、少しもじっとしていない。
　・食後、排便するようになる。
　・食べた物によって、未消化の物や食品の色が便に混じっていることがある（トマト、人参、ホウレン草など）。
　・排尿間隔が長く、一回の排尿量が多くなる。

○顔を拭いてもらうことを嫌がる。

健康生活

《睡眠》
・眠い様子が見られたら、寝具に寝かせたり、おんぶや抱っこで寝かせたりして、安心して眠れるように見守る（おんぶをする時は２人で行なう）。
・うつ伏せで寝ついた時は、必ず仰向けにする。
・目覚めた時は、優しくことばをかけ機嫌よくあそびに移れるようにする。

《食事》
・食事に集中できるように向きを工夫したり、食事コーナーを設けたり、落ち着いた雰囲気で食べられるようにする。保育者があわただしく動くことがないように準備を整え、ゆったりと対応する。
・離乳食は、進み具合や味の好み・摂取量など個人差を把握して徐々に進め、食べられない様子の時は次の機会にするなど柔軟に対応する。眠くなった時も同様、無理をせず食事を終わらせ、口内に食べ物が残っていないことを確認する。
・一人ひとりのペースに合わせてスプーンの運び方に気をつけ、口の動かし方にも注意する。
・食べたい気持ちから飲み込みが早くなり、次第に催促したりするが、保育者は食べ具合を見ながら子どもが落ち着いて食べられるようにする。

一口ずつ　ゆっくりもぐもぐ

《おむつ交換》
・一対一のふれあいを大切にしながら、動きが激しくなるので、手際よく取り替え、安全には十分気をつける。
・嫌がることもあるので、あやしたり、歌を歌ったりするなど工夫する。
・排便時のおむつ交換では、「きれいになったよ」「気持ちがいいね」など、おむつ交換後の心地よさをことばにして伝える。

6～7か月未満児

月齢ごとの発達の特徴と子どもの姿	保育上の心づかい

人とのかかわり

○人見知りが出てくる。
・知らない人には不安を示し、じっと見つめ、表情を硬くさせたり泣いたりする。
・安心できる保育者がそばを離れると不安になり呼んだり泣いたり、後を追ったりする。
・知らない人を何度も目で追い、その都度泣く。
・親しい人には手足を動かして喜び、身を乗り出す。

○声をかけられたり、目が合ったりするとよく笑う。

○抱かれたくて声を出したり、身を乗り出したりする。
・相手をしてもらいたい気持ちを声や表情、目線で表現し、時には泣いて強く要求する。

○他の子どもを見ると、見つめたり声を出したりして関心を示す。

○玩具など、欲しいものが得られないと泣いたりして怒る。
・目の前の玩具を取ろうとするが、うまく動けずじれて泣き出す。
・自分の要求は、フンフンとぐずったり、大声を出したり、体をジタバタさせて表わす。

○場所見知りをする。
・場所の違いに敏感で、ながめたり、じっと見つめ不安になって泣いたりする。

人とのかかわり

・まわりの状況が少しずつ分かってきて、知らない人や場所に不安感を抱くので、子どもの表情や緊張感を察し、温かい眼差しやことばかけで安心できるようにする。

・遊んでほしいという表情や声で訴えてくるようになるので、その時々の気持ちに応えていく。

・抱っこを求める時は、満足できるように声をかけ、抱いたり、ふれあいあそびをしたりして楽しさや安心感が感じられるようにする。

・じゃれあいあそび、「たかいたかい」などをして一緒に遊んで楽しむ。

・きげんよく遊んでいる時は、表情や声で子どもの気持ちを受け止めることが大事。
たとえば「ほら見て！」「できた！」と知らせるような大人に向けたうれしそうな表情や、発見した喜びなどを見逃さずに共感し、一緒に喜ぶことで信頼関係が増していく。

・好きな人を見ると、嬉しそうに笑ったり声を出したりして喜ぶので、一緒に触れ合って遊び、楽しい時間を持つようにする。

・散歩やベランダなどでのあそびを通して、戸外への興味が増すように話しかけたり、歌ったりしてかかわっていく。

保育メモ

・人見知りが始まるので、食事、排泄、睡眠などの世話は、なるべく同じ人がかかわることにより、赤ちゃんは安心して生活できる。
・人見知りは、一人ひとりによって表われる時期や表われ方に違いがあるが、子どもが不安を持つような見知らぬ人との出会いや、見知らぬ場所の体験には、信頼を寄せる大人がそばにいてことばかけをして、その不安を取り除くようにする。

第1章　育ちの姿と保育の手立て

6〜7か月未満児

月齢ごとの発達の特徴と子どもの姿	保育上の心づかい

ことば

○あやされたり、話しかけられたりすると、それに応えて盛んに真似たような声を出す。
・自分が出した音が刺激になって色々な声を出している。
・保育者が話しかけると、じっと聞いていて同じような声を出そうとする。

○「ウマウマ」「マンマ」など、喃語が出てきたり、保育者に向かっておしゃべりしたりするような声を出す。
・盛んに「ウーウー」「アブブー」と話しかけるように言うので、それに応じるとまた、声を出して応える。

○「いないいないばぁ」を喜ぶ。
・リズミカルな歌やあやしことば、手あそびが好きで、もっとと言うように「アーアー」と言う。

ア〜ア〜　たのしいね

ことば

・いろいろな声を出して遊んでいる様子には、保育者も子どもの声に応えながら同じように声を返していくなど、大人に相手をしてもらうことが楽しいという経験をたくさんできるようにしていく。

・「いないいないばあ」「おつむてんてん」などで一緒に遊び、心地いい状態の中で、ことばやしぐさのやりとりを楽しむようにする。

・リズミカルでユーモラスなあやしことばや、語りかけが大好きなので、子どもの状態を見ながら楽しく相手をする。

保育メモ

・あやしことばには、大人の子どもへの愛情が豊かに込められている。
　人間にとって一番大切なことばの学習を、子どもたちはこのあやしことばに溢れるこころよさや、リズム、音、そして愛情までも吸収しているといわれている。
・子音が多くなる。
　自分が出した音が刺激になって、さらに色々な音を出すという内部的な感覚、運動系の機能も成熟していることも意味する。

62

6〜7か月未満児

> 月齢ごとの発達の特徴と子どもの姿

> 保育上の心づかい

姿勢の移動と運動

○寝返りが自由にできるようになる。
- 左右どちらにもスムーズに寝返る。
- 寝返りを繰り返して場所移動の範囲が広がってくる。
- 欲しい物を取ろうとして寝返りする時と、寝返りをすること自体を楽しみ繰り返している時がある。
- 寝返りで少し移動してから、その場所やまわりの物を確かめるようにキョロキョロ辺りを見回す。

○腹這いにすると、這い這いの姿勢で、手足を動かす。
- 腹這いで遊ぶ。
- 両手、両足を浮かせて、腹這いで飛行機の格好をする。特に機嫌のよい時に見られる。
- 色々なずり這いをする。
- 腰を上げ下げして前進する。
- 肘を交互に動かして前進する。
- バタフライのような格好で前進する。
- 片手で進む。
- 足の動きを中心に前進する、など。

○最初の頃は前に進もうとするが、足の蹴りが弱く、腕の突っ張る力が強いため、後ろに下がってしまう。次第に前進がスムーズになり、移動範囲が広がっていく。

○四つ這いの前進行動が見られる。
- お尻を持ち上げ、体を前後にゆらゆら揺らし、繰り返している。
- 前後に重心移動しているうちに、四つ這いができる。
- 腹這いから、四つ這い、座位から四つ這いへと移行する姿がある。

○お腹を軸にぐるぐる回る。

姿勢の移動と運動

・一人ひとりの運動発達の表われ方に違いがあることを理解し、その子に合わせた援助をしていく。

・周囲を見て安全に注意しながら、時には低い姿勢になり、子どもと同じ目線の高さで楽しんで遊ぶ。

・足の踏ん張りを支えたり、前方に玩具を置いたりして、子どもの運動を誘うように働きかけをする。

・発達に応じて自由に動ける空間と、安全で興味が持てるような玩具を用意し、意欲的な行動が満足してできるよう環境を工夫する。

・寝返り、腹ばい、お座りなど子どもの発達にとって大切な動きを、その子なりに試しながら経験できるように、先を急がず見守る。

・腹這いにすると、嫌がる子どもがいるが、這い這いを促す意味でも機嫌のよい時は、腹這いのあそびを経験させる。

> 保育メモ

《ほふく》
・ほふくは、腹這い、四つ這い、高這いなどに呼び分けられる。これは、どの部分で体を支えているかで呼び方を分けたもので、這い方の種類、バリエーションといったものでなく、運動の質の違いを表わしている。

《腹這い》
・移動の推進力は腕にある。
初めは前に進むのではなく、後ずさりになってしまう。
欲しい物に近づこうとして、手を伸ばし、上体を押し上げているうちに、前に出ることができるが、だんだん後ずさりしてしまう。それを繰り返しているうちに、肩の真下より腹部に近いところへ手をつけるようになると後ずさりしなくなる。

1、2の3で成功　　できたよ

第1章 育ちの姿と保育の手立て

6〜7か月未満児

月齢ごとの発達の特徴と子どもの姿

感覚と手の運動

○遠くにある物を、手を伸ばして取ろうとする。

○持たせると両手に玩具を持っていられる。
・両手に一つずつ玩具を持っていることができる。

○手のひら全体で握る。
・手に持っている物でテーブルなどを叩く。
・ガラガラなどを一方の手から他方の手へ多少ぎこちなくても持ちかえることができる。
・玩具を持ってなめたり、振ったり、床に打ちつけて音を出すなどする。

○顔の上にかかった物を取る。
・顔の上にハンカチなどをかけると、片手でパッと取ることができるようになる。

○好奇心が少しずつ表われてきて、大きい物より小さい物を目ざとく見つけ、つまもうとする。

手を伸ばして　キャッチ

保育上の心づかい

感覚と手の運動

・持ちやすい物や、音の出る玩具を身近に用意し、保育者が一緒に遊ぶ中で振るなどのあそびをする。

・子どもが遊んでいる時は見守り、過剰な刺激をしないようにし、ゆったりとした雰囲気で遊べるようにする。

・腕を高く上げて、喜びの表現や抱っこの要求をするようになるので、気持ちを察して応えていく。

・何でも口に持っていくので、安全には十分注意する。

・口に触れる物は何でも、なめたり、噛んだりするので、玩具の選定や点検、衛生面に気を配ることが大切。

・破損した玩具や、飲み込んでしまうような小さな物がないように、物の置き場の整理整頓を心がけ、点検を行なう。

・誤飲防止に子どもの手の届く場所には、口に入れると危険な物、特に小さな物は置かない。

保育メモ　参照：東京都「乳幼児の誤飲等事故防止ガイド」
《誤飲・窒息予防のために》・直径39mmを通るものは、赤ちゃんの口に入ります。

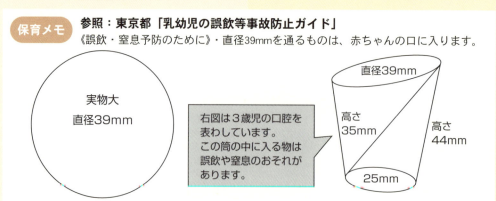

7～8か月未満児

月齢ごとの発達の特徴と子どもの姿

健康生活

○食事の用意を始めると食べることが分かる。
・他児が食べ始めると、自分も食べたいと表情や声を出す。

○汁物を食器から直接飲めるようになる。

○ミルクは飲みたくなくなると、いらないことを態度や表情ではっきりと表わす。

○スプーンなどで食べさせると、自分も真似してスプーンを握って口に持っていこうとする。
・自分からスプーンを握ろうとしたり、スプーンを持っていったりする。
・スプーンや食器に手を伸ばし、引き寄せて持とうとする。

○形態や味の違いが分かるようになる。
・すっぱい物には顔をしかめたり、舌ざわりが気になると口から出したりする。
・今までと違う形態の物（魚など）が口に入ると指を口に入れて触ってみたり、出そうとしたりすることがある。
・大きく口を動かし、噛むようにして食べる。

食器からも　ゴックン

○便性が変わってくる。
・排便時、力む姿が見られる。

○顔を拭こうとすると、嫌がることもある。

保育上の心づかい

健康生活

《食事》
・形態が変わってくる時期なので、栄養士、調理師と連絡を密にして、その子に合った形態で無理なく食べられるようにしていく。

・モグモグして舌でつぶせるくらいの柔らかさで、固形食や新しい食品に少しずつ慣れるようにする。

・「早く早く」と催促したり、あまり口を動かさなかったりと、一人ひとり食べ方に違いが出てくるので、その子の食事のペースを大切にしながらことばをかけ援助していく。

・食器の傾き加減に配慮し、流し込まず一口ひとくちしっかり飲み込めるようにする。

・離乳食の進み具合や食べ方は、保護者と話し合って進めていく。

・椅子を使用するときは、子どもの姿勢が安定するよう体に合ったものを用意する。
＊椅子に座る目安として
・お座りをして、姿勢を保てるようになってから。
＊椅子は
・足が床につく高さのものを用意する。
・ずり落ちたりせず、姿勢が安定するよう確認する。
・子どもの様子を見ながら、足置き台を用意するなど、必要な配慮をする。

第1章　育ちの姿と保育の手立て

7〜8か月未満児

月齢ごとの発達の特徴と子どもの姿	保育上の心づかい
人とのかかわり ○人見知りが強くなる。 ・初めて会う人には明らかに表情を硬くし、不審そうな態度を示す。 ・他クラスの保育者や知らない人を見ると、クラスの保育者にしがみつく。 ・出入り口が気になり、人が通るたびに泣くが、担任が抱っこしたり、そばにいたりすると落ち着く。 ○担当保育者への愛着行動が増す。 ・人見知りが強くなったのと同時に、担当者への後追いが増す。 ・姿が見えなくても担当者の声がする方向へずり這いなどで近寄っていく。 ・担当者への甘えが増し、一対一のかかわりを強く求めるようになる。自分の要求を受け入れてもらうと、とても満足そうな表情をする。 ・保育者に抱っこされている時、他児が寄ってくると嫌がる。 ○表情が豊かになる。 ・担当者との信頼関係が深まることにより気持ちが安定し、とてもよい表情で遊ぶようになる。 ・「たかいたかい」など、あやされると「キャッキャッ」と声を上げて喜び、止めるともう一度やってと繰り返し要求する。 ・鏡に映った自分を見て、鏡を叩くなどして不思議そうな様子を見せる。 ○「いないいないばぁ」「ちょうだい」が分かり、繰り返しを喜ぶ。	**人とのかかわり** ・見慣れない場所や、人への不安感が増してくるので、優しくことばをかけて安心感につながるようにする。 ・いつも世話をしている保育者が相手をしたり、かかわったりすることにより、大人への愛着行動を育て信頼感が増すようにしていく。 ・担当者を求める時は、保育者同士が連携をうまく取り、受け入れて、気持ちの安定を図る。 ・一人ひとりの情緒の表れを大事にし、気持ちを察してかかわる。 ・他児の顔などに触れたりするので、危ない時は止めて優しくことばをかけたり、他のあそびに誘ったりしていく。 ・保育者が一緒に遊ぶことも大切だが、一人で好きなあそびを楽しんでいる時は見守り、状況に応じて援助していく。   初めての出会いにドッキリ

7〜8か月未満児

月齢ごとの発達の特徴と子どもの姿

ことば

○周囲の状況に応じて喃語を言ったり、話しかけられたりすることばを真似る。
・「エーエー」「ウーエーッ」などと声を出す。

○遊びながら「マンマン」「アブアブ」と連続した喃語を言いながら楽しんでいる。
・連続した声を出す。
・表情が豊かになる。

○舌打ちや、「レロレロブアーブアー」など色々な声を出す。

保育上の心づかい

ことば

・知能、感覚、運動などの機能が活発に外界に向けて発揮されるようになり、ことばの面では喃語期から模倣期へと進む。

・一つひとつの発音よりもことばのリズムや抑揚を含む全体の感じをつかんで繰り返しているので、子どもが真似て言う声には、同じように応えてやりとりを楽しむ。
例えば、自動車の音を聞いて、「ブー」らしい声には「そうね、ブーブーね」と応える。

・表情豊かに話しかけたり、子どもの発する喃語の意味（要求）を感じたり、その気持ちをことばで返しながら相手をしていくようにする。

・機嫌がよく一人で声を出している時は、顔を見て、オウム返しにそのことばを真似たり、「そうね〜」「〜ね」と気持ちを受けとめてことばを返したりする。

・自分の興味ある物を見ると指を差したり、声を出したりして伝えようとする。保育者は子どもが言おうとしていることを理解し、その物について分かりやすく話していく。

保育メモ

・周囲にある物を盛んにいじったり、周囲の状況に応じていろいろな喃語を発したり、叫んだりする。物音や話しかけたことばを真似て、繰り返すようになる。
・模倣は、外界との間の刺激に対する反応の繰り返しと考えられる。外からの刺激や、外で起こった現象を聴覚や視覚で正しく認識することが大事。
相手のことばを聞き分けられる能力があって、初めてまねやオウム返しなどが出てくるようになる。しかし、まだ自分の意志を相手に伝える意味はない。

第1章　育ちの姿と保育の手立て

7〜8か月未満児

> 月齢ごとの発達の特徴と子どもの姿

姿勢の移動と運動

〇ずり這いで前に進む。
・目的の物を見ながら進む。

〇四つ這いで移動し始める。
・腹這いでつま先に力を入れて踏ん張る。
・四つ這いで移動が始まるが、急ぐ時はずり這いで前進する。
・初めは手足の運び方がぎこちなくバランスを崩してしまうが、徐々にスムーズになる。
・段差があると最初はその前で止まって、一歩一歩確かめるように手足を出しているが、何度か経験しているうちに10cmくらいの段が登れるようになる。

四つ這いで移動中

〇脇の下を支えられるとはずむ。

〇お座りをすると、2〜3分支えなしで座ることができる。
・お座りの前行動が見られる。

〇一人座りができるようになる。
・座り始めの頃はバランスを崩しやすく、後方に転倒することもあるが、徐々に手で体を支えるようになってくる。
・座位で玩具を持って遊ぶことが多くなる。

〇つかまり立ちの前行動が見られる。
・保育者の膝や段差があるところにつかまって立とうとし、中腰くらいの姿勢になる。
・最初に大人の膝、玩具などの低いものから、30〜40cmの高さの棚やソファなどへ移っていく。

〇手あそびや歌あそびを喜ぶ。

> 保育上の心づかい

姿勢の移動と運動

・腹這いやずり這い、寝返りをする、お座りをするなど、多様な姿勢で移動が盛んになる。

・このような、運動発達の現れは個々によって違うが、その意欲はすばらしいものがある。

・この時、思うように動けた時の誇らしげな表情や感情の豊かさを見逃さず、共感していく。

・子どもが、今やろうとしている気持ちや、動きを見守りながら、その動きやあそびがゆったりと楽しめるようにすることが大切。

・時には、うまくできずイライラする姿も見られる。玩具をそばに近づけたり、状況に合わせて援助したりする。

・転がる物、カラフルな物、触ると動く物などを少し前に置いて動かしたり、はいはいに誘うことばをかけたりする。

大好きな　おもちゃ見つけた

> 保育メモ

《腹這いから体の移動へ》
・這わせようとしても、這わない子どもや、這わないで歩き出す子どもがいる。
・歩き出す以前の、腹這いでの体の動きはどうだったのか、周りを見たり、周りの物音を聞いて目を向けたり、玩具の音に興味を示すなどの姿はどうか、這わないでそのまま立ち上がり、伝い歩きの頃の活動は活発だったのかなど、それぞれの時期の発達がどのようであったかを考える。
・腹這い姿勢での活動を十分にしてからお座りをしたり、お座りの姿勢で色々なあそびを通して、手を使ったり体を移動したりする動きを誘っていくようにすることが大切。

7〜8か月未満児

> 月齢ごとの発達の特徴と子どもの姿

感覚と手の運動

○手近な物に興味を持ち、自分から手を伸ばしてつかむことができる。
・まわりに玩具などがあれば興味を示し、触ったり、払いのけたりする。

何が入っているかな

○落とした物を探す。
・遊んでいた玩具が見えなくなるとキョロキョロ見て探そうとする。

○手に持った物を持ちかえることができる。
・両手に玩具を持っている時、別の物を出すと片方の一つを落として新しい玩具をつかもうとする。

○かすかな物音には、ハッと聞き耳を立て興味を持ってその方を探す。

○「いないいないばぁ」をすると、とても喜び機嫌のよい時は真似しようとする。
・「チョチチョチ」など手を合わせる。

> 保育上の心づかい

感覚と手の運動

・自分の身のまわりの変化や目新しい物に気づき、じっと見たり、積極的に触れたりする姿を大切にする。
・いろいろな認知活動が十分にできるようにし、保育者も共に遊び、共感を伝えていく。

・揺れるのを見て楽しむ吊り玩具や、手で触って動いたり音が出たりする玩具を用意する。

・既製の玩具だけでなく、手作り玩具なども工夫して楽しめるようにする。

・手は物をしっかり持つようになる。持ち続ける活動が弱い場合は、視線も手に注がれなかったり、追視自体が弱かったりすることがある。
・あそびに誘いながら、持った物をしっかり見る、見続けるなどの活動を援助していく。

・音が出る玩具、握って遊べる玩具など感触のよい物を用意して、手が届くところで音を出したり、なめたりして楽しめるようにする。

> 保育メモ

《手の運動》
・手の運動と姿勢の関係を見ると、お座りが可能になる以前は、仰向け、うつ伏せと自分のとれる姿勢で手を使うことが多かったが、この時期になると手を使って自分から座位になるなど、手の操作がしやすい条件を自分からつくりだすところに特徴がある。

第1章　育ちの姿と保育の手立て

8〜9か月未満児

> 月齢ごとの発達の特徴と子どもの姿

> 保育上の心づかい

健康生活

○熟睡できるようになり、機嫌よく目覚める。

○排尿で目覚めることがある。

○自分で食べようとしたり、飲もうとしたりして、手を伸ばす。
・離乳食が進み、固形食に徐々に慣れてくるが、嫌なものも出てくる。
・初めて口にする食品には敏感で舌で押し出したり指で出して見たりする。

○食べ物や食器を見ただけで食事を期待して喜ぶ。
・準備を始めると食事が分かったり、他児の食事を見て自分も欲しいと催促したりする。

○口をよく動かして食べる。
・口を大きく開けて食べ物を取り込み、舌をよく動かして食べる。

○食事中に他に興味を引くものがあると、そちらに気をとられて食べようとしないこともある。
・担当以外の保育者が食べさせると落ち着かず途中からぐずって食べなくなることがある。

つまんで食べているよ

○おむつ交換を嫌がって起き上がったり、泣いたりすることもある。
・軟便から普通便になってくる。

健康生活

《睡眠》
・安心して眠れるようにする。

《食事》
・なるべく同じ保育者がかかわり、安定して食べられるようにする。
・固形食に慣れる反面、喉につかえて嫌がったり、柔らかい物は吸ったり丸呑みするなど、食べ方に変化が見られたりすることを見逃さない。

・形態、食べ方のリズム、情緒などを見極め、一人ひとりに合わせて食事の援助をしていく。

・子どもが自分で食べようとする気持ちを大切に、一人で食べたがる時は手づかみ食べを見守り、スプーンやコップに対して興味を示した時は、スプーンを持たせたり、コップで飲ませたりする。
　＊手づかみ食べのための取り分け皿や、2つスプーン（子ども、介助用）を用意する。

・スプーンはまだうまく使えないことが多いので、手づかみ食べをうながしたり、口を動かして噛むことを知らせたりしながら進めるようにする。

・口から出したりする時は、ことばをかけながら進め、様子によっては切り上げるなど、徐々に慣れていけるようにする。

・途中で嫌がったり、あきて遊びたくなった時は、抱いたり言葉かけを工夫して気分転換をはかるが、難しい時は切り上げるなど柔軟に対応する。

《おむつ交換》
・手早く取り替えられるように、必要な物を用意してから子どもを誘う。
・おむつが濡れた時は「チッチでたね」「きれいにしようね」などことばをかけながら、おむつ交換をする。

8〜9か月未満児

| 月齢ごとの発達の特徴と子どもの姿 | 保育上の心づかい |

人とのかかわり

○抱かれたくて声を出したり、身を乗り出したりする。
・好きな人を見ると声を出して喜んだり、自分の方から身を乗り出して手を伸ばす。

○あそびに飽きてくると保育者を探し、顔を見ると安心して遊び続ける。
・時には抱っこして欲しいと要求する。
・担当保育者に甘え、そばを離れたり姿を見つけたりすると泣いて後を追う。
・抱っこすると確かめるように顔を覗き込み、安心するとあそびに移っていく。
・担当保育者との信頼関係が深まる。

○自分の思いが通らないと保育者の顔を見ながら泣いて通そうとする。

○他児が持っている物に興味を持ち、取り合いになることもある。

人とのかかわり

・体に触れてあそびの相手を十分にする。
（わらべうたや手あそび、リズミカルなあそびなど）

・すぐにその要求に応えられない時は、ことばをかけたりして、その後必ず相手をして期待感に応える。

・担当者の動きをよく見ていて、一緒に遊んで欲しい、抱っこをして欲しいという期待が大きい。その期待に応え、安心感、信頼感を深めていくようにする。

・感情の発達と共に、思うようにならないと泣く、後追いをするなどの姿が見られる。これらの愛着行動を大事にして安心感や基本的信頼感につなげていく。

・子どもの様子をよく見て、場面をとらえて認め、ことばでほめるようにし、共感することでうれしい気持ちを経験できるようにする。

・甘えて泣いている時も気持ちを受けとめ、「大丈夫だよ」と受けとめていることを伝え、気持ちを十分満たすようにする。

・他の玩具を用意したり、違うあそびに誘ったりして、気分を変えて嫌な気持ちが長引かないようにする。

・一人ひとりの要求を大切に受けとめ、玩具の数や遊び方、空間の使い方などを工夫し、それぞれが十分遊べるように環境づくりをする。

もう！！

第1章　育ちの姿と保育の手立て

8〜9か月未満児

> 月齢ごとの発達の特徴と子どもの姿

> 保育上の心づかい

ことば

○大人の声を聞いて真似しようとして盛んに声を出す。
  ・色々な種類の声が出せるようになる
  ・快や不快の気持ちを訴えるような声を出す。

○大人の身振りや話しかけられることばに分かった様子を見せる。
  ・物音やことばの意味が分かるようになってくる。
  ・まわりで楽しそうにしていると一緒になって声を上げたり、しぐさで表現したりする。
  ・ほめられると嬉しそうな表情をする。
  ・保育者の声や様子から、やってはいけないことがあると感じる。

ことば

・周囲にある物を盛んに触ったり、周囲の状況に応じていろいろな喃語を発したり、物音や話しかけたことばを真似て繰り返したりするので、その様子を受けとめ丁寧に応えていく。

・喃語が増えるにしたがい、しぐさで要求を表すようになってきているので、「ちょうだい」「ありがとう」「マンマにしようね」「おむつかえようね」などと、ことばと動作を結びつけて話しかける。

・簡単な歌や手あそびを繰り返し一緒に楽しむようにする。

・保育者は表情豊かに話しかけたり、ことばに合ったしぐさを見せたりする。

・子どもの喃語に込められている欲求や気持ちを察して、優しく応えていく。

上手でしょう

8〜9か月未満児

月齢ごとの発達の特徴と子どもの姿

姿勢の移動と運動

○這い這いが早くなる。

○四つ這いからお座りへと姿勢を変えて遊ぶ。

○支えられると少しの間立っていられる。

○座ったままで、後ろに体を少しひねっても倒れない。

○つかまり立ちができるようになる。
- 様々な物につかまって立とうとする。
- つかまり立ちを始めた頃は、手を離して転倒したり身動きが取れなくなったりする。
- 片手を離したり、足を屈伸させたりしているうちに尻もちをつく格好で床に座るようになる。
- 次第につかまり立ちから、お座りすることが上手になる。

○伝い歩きができるようになる。
- 初めはつかまり立ちの姿勢で片足に重心を置いて、足を出したり、引っ込めたりして次第にバランスを取って横に移動するようになる。

つかまり立ちができるよ

保育上の心づかい

姿勢の移動と運動

・安全に留意し、あれが欲しい、これが欲しい、あそこへ行きたいという子どもの気持ちや要求を大事にする。

・お座り、つかまり立ちの姿勢は安全に十分注意しながら保育者が見守る中、ゆったりと楽しめるようにする。一つひとつの動きが未熟なまま、すぐに立ったり、歩いたりができるようになってしまわないように、這い這いやつかまり立ちなどその時期に必要な動きを、十分に経験できるようにすることが大切。

・十分に動けるように環境を整え、危険には常に留意する。

・這うところに高低の変化をつけたり、狭いところを通ったり、斜面を登るようなあそびを取り入れて、楽しんで活動ができるように工夫する。

・盛んにつかまり立ち、伝い歩きをするが、色々な物につかまりバランスを崩しやすいので、危険のないように見守る。

・お座り、つかまり立ち、伝い歩きなどできるようになっても、不安定な時があるので玩具の散乱に注意し、マットなどの支えを用意して安全に心がける。

後ろにクッションがあるから安心

保育メモ

《目標に向かう》
・子どもが方向をはっきりとらえて行動できるように、あそびの内容を工夫したり、興味を引くような物を置いたりするなど、環境を整えることが大切。

第1章 育ちの姿と保育の手立て

8〜9か月未満児

月齢ごとの発達の特徴と子どもの姿	保育上の心づかい

感覚と手の運動

○手のひらの操作から指の操作へと移行する。
- 親指と人差し指で物をつかむことができる。
- 豆粒くらいの小さい物をつかもうとする。
- 小物を容器に入れる。
- 目に留まった物は何でもつまんで確かめている（見る、なめる）。
  室内…絨毯のケバ立ちやほつれ部分、糸くずなど
  戸外…砂、土、小石、葉
- いたずらボックスや小物の出し入れなど、保育者がやってみせると同じようにやってみようとする。
- プレイボードなどで遊ぶ（ダイヤルに指を入れて動かす、レバーの上げ下げなど）。

○両手に持っている物を打ち合わせる。

○手に持った物をスムーズに別の手に持ち替えることができる。
- 音を出す目的で玩具を振って遊ぶ。
- 手のひらで拍手する。
- 保育者が歌ったり手あそびをすると、それに合わせて手や体を動かそうとする。（チョチチョチアワワなど）

歌に合わせてパチパチ

○鏡に映っている自分の姿に興味を示す。

○探索活動が盛んになる。
- 部屋中を這って動き回り、特に隅っこ、段差のあるところ、狭いところに入ることを好む。
- 棚にある玩具を次々に引っ張って出す。
- ボールなど、転がした物を追いかけて遊ぶ。

感覚と手の運動

・子どもが一人あそびに集中している時は見守り、必要以上に話しかけたり過剰な刺激をしないように、ゆったりした雰囲気で遊ぶことができるようにする。

・一人で探索している時に何かを見つけたり、「おや？」と感じたりする瞬間を見逃さず、子どもの得意げな気持ちを感じとりことばをかけて共感する。

・好奇心が自我や感性を育てていくので、やってみたい、自分でしたいという気持ちを捉え、先取りしない。

・一人で起き上がって座れるようになると、"体を支える"手のひらの働きから、物を巧みに操作する働きに変わってくる。

・このように体の移動行動も活発になり、手の運動もしっかりしてくるので、操作したり、探索したりして遊ぶことが十分できるように環境を整える。

保育メモ

《探索行動》
- 子どもにとっては、全ての物が興味の対象であり、それらを手でつかんで口に入れることは本能的な行動といえる。
  新しい場面や対象に対して眼を輝かせ、耳をそばだてるなど好奇心を示す。
  探索行動は、その対象に近づき口に入れる、見る、つまむ、いじるなどの行動となるが、大人が注意を怠ると事故につながりやすいので、子どもの様子から目を離さないことが大切。

コラム　乳幼児突然死症候群（SIDS）について

安全、安心は職員の高い専門性に支えられて

　産休明けの乳児からお預かりする保育園にとって、SIDSを発生させない取り組みは、重要なリスクマネジメントの1つになっています。

　年度当初の0歳児室は、まだ保育者や保育室に慣れず、抱っこを求めて泣く子、手を払いのけるように何をしても泣く子、泣きつかれて眠る子、そんな中マイペースで遊んでいる子と様々な様子が見られます。そして、誰か一人でも寝始めたら睡眠チェックの始まりです。タイマーをセットし、10分ごとに体位（仰向けか横向きか、うつ伏せなら直して）、さらに顔を見ながら呼吸のチェックを行い記録していました。

　現在私の勤める園では、0歳児クラスは年間を通して5分ごとの睡眠チェックを行っていますが、それを実施することが決まり、園長として0歳児クラスの担任に伝えたときのことが忘れられません。

　「睡眠チェックは5分ごとに決まったので頼みましたよ」と告げると、先生たちの反応は意外なものでした。

　"5分ごとなんて、座る間もない""休憩も取れない、大変"どころか、返ってきたことばは「ほっとしました。そのほうが安心します」というものでした。

　ご存知のとおり、0歳児クラスの担任は子どもが寝ている間、連絡カードや日々の記録をし、大急ぎで自分たちの食事もとらなければなりません。また昼の打ち合わせも多く、想像以上に忙しい時間なのです。にもかかわらず、そんな大変さを課されても「子どもの命を守り、大切な命を預かる仕事をしている私たち自身をも守っていく」という力強い気持ちを感じたのです。

　このような職員一人ひとりの高い危機意識と努力によって、保育園の安全、安心は支えられているのです。

　　　　　　　　　　　　　　　　　　　　　　　　　　　（中央区・松浦　綾子）

　平成28年3月東京都から
「保育施設における睡眠中の事故防止及び救急対応策の徹底について（通知）」が出され、SIDSの予防策として午睡（睡眠）時チェックをきめ細やかに行い、記録する。

　0歳児は5分間に1回が望ましいとあり、チェック項目として

- 児童の顔つきや睡眠中の姿勢（毛布などが顔にかかっていないかを含む）
- 顔色（顔面、唇の色など）
- 呼吸の状態（鼻や口の空気の流れや音の確認、胸の動きの確認）
- 体温（触れて）

があげられています。

4 9〜12か月未満児

この時期の発達の主な特徴

- 1日3回食になる（個人差がある）。
- 「自分で」手を使って食べる。
- 大人に相手をしてもらうことを喜び、また、他児にも関心を示し始める。
- 身振りを模倣する。
- 大人の語りかけを理解し始め、いくつかの単語を言う。
- 喃語も会話らしい抑揚がつくようになる。
- 「だめよ」「いけません」が分かる。危険を知らせる大人のことばや態度が分かる。
- 指差しして自分の気持ちを伝えようとする。
- 這う、つかまり立ち、伝い歩きなど、自由に移動する。
- バランスを保ち、座位が安定する。
- 身のまわりの物に興味を示し、何にでも手を触れたがる。
- 見えなくても音がする方に顔を向ける。
- 隠れている玩具を探す。

保育のポイント

●食事では噛むこと、嚥下することを知らせながら、数々の形態に慣れ、手に持てる物を持ったり食具を使ってみたりする。

●自分で食べようとする食事への意欲を大切にしながら様々な食品に慣れるよう離乳の完了を目指していく。

●親しい大人に対する子どもからの積極的な働きかけ、甘えに対しては受け入れ、丁寧に相手をすることで、喜びの感情が育つようにする。

●いくつかの単語を言い、ことばの理解が少しずつみられるので、喃語を受け入れてことばと事物、ことばと動作を結びつけながらことばの発達を助けていく。個別に話しかけることを大切にする。

●つかまり立ちを始めると歩くことへの期待が大きくなるが、這うことは自分で目的（保育者や玩具など）に近づこうとする意欲を育てるうえでも大切な動きなので、這う運動を十分に経験できるように配慮する。

●環境を整え自由に体の移動ができるようにし、這う、立つ、伝い歩きなどの運動を促していく。

●握る、いじる、つまむ、打ち合わせるなどのあそびを十分経験し、手や指の発達を促す。

●子どもの興味や関心が満たされるように、安全で清潔な玩具などを身のまわりに用意し、自由に触れて遊ぶことを十分楽しめるように見守っていく。

●保健的で安全な環境づくり、体の状態を細かく観察し、疾病や異常の発見に努め、快適に生活できるようにする。

第1章　育ちの姿と保育の手立て

9〜12か月未満児

月齢ごとの発達の特徴と子どもの姿	保育上の心づかい

健康生活

○睡眠時間が安定してくる。
・睡眠時間は一人ひとりに差があるものの、その子どもなりに一定してくる。
・食事の後、「ねんねよ」と布団に入るとごろごろして少し遊んでから眠る。

○自分の食べたいものを選び、「マンマ」と指差し要求する。
・口に入れることが遅いと保育者の服を引っ張り、テーブルを叩いて催促する。

○スプーンを持ちたがり、器を両手で持ち、口に運ぼうとする。

○手づかみで（自分で）食べようとする。
・ある程度食べ、お腹が満たされるとキョロキョロしたり、食事に興味を示さなくなったりすることもある。

「あむ」　手でつかんだ食べ物を口に入れる

健康生活

《睡眠》
・一人ひとりのリズムや、子どもの状態に合わせて心地よく眠れるようにする。
・日によって睡眠時間が一定ではないので、眠い時には寝かせて機嫌よく過ごせるようにする。
・布団で寝るのを嫌がる時は、抱っこや、おんぶなどで落ち着いてから眠れるようにする。
・音に敏感で、途中で目覚める時があるので、そばにつき安心して再眠できるようにする。
・目覚めた時、「よくねむったね」など優しく声をかける。
・光や、音に対して敏感な子どももいるが、あまり神経質になりすぎないようにする。
・眠る時の癖（毛布、タオルをしゃぶるなど）がついている子どもに対しては、無理にとろうとしないで、子どもの情緒の安定を一番に考え対応する。

《食事》
・食べ物を手に持ちやすい形や大きさ、歯ぐきでつぶせる固さにしていく。
・自分で食べようとする気持ちを大切にして、小皿に取り分けたり、一口量をスプーンにのせたりするなど、その子の発達にあわせた援助をしながら食べられるようにしていく。
・スプーンについては、いやがらない範囲で保育者も手を添えて援助をするが、うまくできないことも多いので、手づかみ食べをうながしたり、介助をしながらきげんよく食べられるようにする。
・食器やスプーンを持ちたがり、身を乗り出して食べ物をつかむなど、積極的な食事への行動が見られる。そんな時はむやみに禁止したり、意欲だからとさせすぎたりしないように、ことばや動作を添えながら気持ちのいい状態で食べられるようにしていく。
・食事中眠くなってしまった時は、食べ終えていなくても、口内に食べ物が残っていないか確認して終えるようにする。
・途中でぐずり、座って食べられない時も同様に、ことばをかけて気分転換を図るなどの対応を行ない、気分よく食べられない場合は、様子を見て終えるようにする。
・発育の状態、便の様子に気をつけながら離乳完了に向けて形のある食べ物に慣れていけるようにする。

78

9～12か月未満児

| 月齢ごとの発達の特徴と子どもの姿 | 保育上の心づかい |

健康生活

○おむつ交換を嫌がり動きまわる。
・寝かされると腰を浮かし、寝返るなどしていやがる。

○排尿の間隔が長く一回の量が多くなる。

○顔を拭くことを嫌がり、顔をそむけて手で払いのける。

○水あそびや衣服の取り替えの時など、裸になることを喜ぶ。

寝かされるのはいや

健康生活

《おむつ交換》
・おむつ交換は汚れたら取り替え、いつも清潔で気持ちよく過ごせるようにする。
・あせもやおむつかぶれに気をつけ、お尻ふきシートでそのつど拭く・洗うなど常に清潔にする。
・あそびに夢中になっている時などは、子どもにとっておむつ交換はいやなこと。子どものあそびを妨げないよう配慮し、タイミングよく「きれいにしてからまた遊ぼう」などの声をかけ、子どもの様子を見て手早く行なう。少ししてから声をかけるなど、職員間の連携を考えてもよい。

《清潔》
・よだれが多い子どももいるので、口のまわりやあごの下を清潔にして、スタイをこまめに取り替えるなど気持ちよく過ごせるようにする。
・顔を拭かれたり、鼻水を拭かれることなどをいやがるようになるが、いきなり拭くのではなく、「きれいにしようね」と声をかけ、優しく行なう。
・鼻をかんだ後の紙は蓋つきのゴミ箱へ入れ、そのつど手洗いや手指消毒を行ない、衛生面に留意し、感染症予防に努める。
（夏季：沐浴、湯水あそび、シャワーなど）
・一人ひとりの発達に応じて、その時の健康状態を把握したうえで行なう。いやがる時は、無理をせず、湯水の気持ちよさが分かる方法で徐々に進めていく。湯水あそびをする時は、常に目を離さず、安全に気をつけ、楽しい経験になるようにする。
・沐浴槽、たらいなどの水の共有はしない。必ず個別で行なう（使用したらいなどは消毒する）。
・シャワーや湯水あそびを戸外で行なう場合、直射日光を避け、シャツを着て帽子を被るなどの紫外線対策や、視線よけなどの配慮をする。
・必要な物の準備（使用する遊具やタオル、着替えなど）や次の子どものための準備（沐浴槽やたらいなどの消毒、着替えの用意）などの動きを職員間で共有し、子どもから目を離さないことを基本に事故予防に努め、安全に行なう。

> **保育メモ**
> ・紙おむつの改良や普及で、排泄後の不快感はなくなりつつあるが、排泄感覚や子どもの表情、しぐさなどを見逃さないようにして、濡れていたら「きれいにしようね」と声をかけ手早く取り替え気持ちよく過ごせるようにする。

第1章　育ちの姿と保育の手立て

9〜12か月未満児

月齢ごとの発達の特徴と子どもの姿

人とのかかわり

○保育者に相手をしてもらって遊ぶのを喜ぶ。
・他児を押しのけ自分も抱かれようとしたり、気に入らないことがあるとひっくり返って泣いたりして、保育者を独占しようとする。
・保育者に抱っこされたり、くすぐりあそびなどのスキンシップや、向き合って手あそびなどをしたりすると満足そうにニコニコ顔になる。
・保育者と一緒に追いかけっこをし、保育者に追いかけられることを期待してまた逃げる。

○保育者の手あそびなど簡単なしぐさを真似る。
・「げんこつやまの〜」と歌に合わせて手あそびをすると自分の気に入ったところだけ真似たり、もう一回やってとせがんだりする。
・「バイバイ」と言うと手を振って応えるなど大人の模倣が出てくる。
・保育者が歌ったり手あそびをしたりすると、それに合わせて手や体を動かす。
・コップで飲んだり、つまんだりして食べる真似をする。
・1歳頃になると人形を"いいこ、いいこ"したり、積み木、ブロックなどを電話のように耳にあてたり、大人の真似を盛んにする。

○他児に関心を示す様子が見られる。
・他児に近寄り衣服に触ったり、引っ張ったりする。
・触られたり引っ張られたりすると泣いて嫌がる子どもの泣き声を聞き、さらにその行為を続けようとする。
・他児と目が合うとニッコリ笑って近づいて行ったり、泣いている子どもがいると覗き込んだりする。

○他児が持っている玩具を取り上げることがある。
・他児が持っている物を取り上げてもそれで遊ぶわけでもないが、自分が持っている玩具を取られると大声で泣く。

○他児のあそびを見ていて自分も同じことをしたがる。
・同じしぐさをして顔を見合わせ喜ぶ。

保育上の心づかい

人とのかかわり

・特定の保育者とのかかわりを十分にして、安心して過ごせるようにする。

・一人あそびをしている時は見守り、甘えてきた時はその気持ちを満たすようにする。

・一対一でゆったりと話しかけたり、手あそびをやって見せたり一緒に歌ったりして遊んでいく。

・気に入らないと泣いて通そうとすることがあるので、気持ちを受けとめ、原因を取り除いて、優しく話しかけたり、スキンシップをしたりして気持ちを落ち着かせ、気分転換をはかる。

・指差しは、発達上大事な姿なので、その姿に共感してことばに変えていくようにする。

もしもし？

・他児が使っている玩具を目ざとく見つけて取ろうとしたり、体に触れる姿などが見られる時は、危険に注意し、一人ひとりに適切なことばをかけ見守ったり別の玩具を渡したり、別の場所へ移るなど、その時々に合わせて判断し対応していく。

・他児に関心を持って近づく時は、その気持ちを受けとめながら噛みつきや引っかきなどの行為にならないよう対応していく。

・保育者と一緒に身近な植物や動物を見たり触れたりすることを楽しむようにしていく。

9～12か月未満児

月齢ごとの発達の特徴と子どもの姿

ことば

○「ごはんよ」と言うとテーブルの方へ行く。

○「アムアム」「マンマ」「パンパン」などと言って食べ物を催促する。

○「パーパ」「タータ」など、破裂音が出てくる。

○他児に「アーアー」「オーオー」などと話しかける。

○バイバイ、こんにちはなどの動作をする。

○叱られることが分かり始める。

○「アッアッ」と言いながら盛んに指差しをして自分の気持ちを伝えようとする。

「アッ アッ」

保育上の心づかい

ことば

・子どもの発語やしぐさを優しく受けとめ、その意味を理解しことばに置き換えて話したり、共感したりする。

・一人ひとりゆったりと相手をして、十分に話しかけ、感情の交流を楽しむと共に、子どもの発語に耳を傾け、よい聞き手になるようにする。

・保育者は、生活の中の子どもの行動に優しくことばを添える（「おしっこでたね」「さっぱりしようね」「ごはんたべましょうね」など）。

・子どものそばに行き、顔を合わせ、子どもが理解できるように優しくゆっくり話しかけるようにする。

・あそびを中断しないように、状況を見てことばをかけるようにする。

・指差しや、眼差しに込められた子どもの気持ちを汲んで、ことばを添えながら共感して要求を満たしていく。

・いないいないばぁ、おつむてんてん、バイバイなどの相手をして、快い状態でことばやしぐさのやりとりを楽しむようにする。

・危険など禁止を必要とする場合は、子どものそばに行って、はっきりと危ないことを知らせる。禁止語だけでなく、いけない理由を分かりやすく（「～したらいたいよ」など）伝える。

保育メモ

・集団の中では特に一人ひとりの話しかけを留意していくことが大切。
・子どもは、聞こえてくる声がどういうことと結びついているかを知り、物音やことばの意味を理解するようになる。
・ことばの模倣は、単なる発音の真似ではなく、意味をもったことばの学習に変わる。

第1章　育ちの姿と保育の手立て

9〜12か月未満児

月齢ごとの発達の特徴と子どもの姿	保育上の心づかい

姿勢の移動と運動

○つかまり立ちが安定する。

○伝い歩きをする。
・伝い歩きがしっかりしてくると、多少の段差も伝い歩きのまま、またいだり登ったりする。

○支えがなくても5〜10秒立っていられる。
・つかまり立ちから両手をパッと離したり数秒立ったりしていられる。

○一人で立つ。
・手を離して立つことに余裕ができると、両手に玩具を持って遊んだりする。
・支えなしで立ち上がる子どももいる。

○階段を這い這いで登る。
・室内すべり台の斜面を腹這いで登ったりすべったり下りたりする。

○探索活動が盛んになる。
・狭いところへ入り込んだり、戸棚を開けて中の物を引っ張りだしたりする。

○庭に出たり散歩に行ったりすることを喜ぶ。

姿勢の移動と運動

・這う、つかまり立ち、伝い歩き、歩くなどの運動が十分にできるように広い場所を用意し、安全に遊べるようにする。

・立つ、押す、つかまり立ち、伝い歩きなど一人ひとりの子どもが今、しようとしているあそびが十分できるよう、遊具、ダンボール箱など工夫して置き場所や空間を考える。

・押して歩く、階段を上る、斜面の這い這いなど、手足を十分に動かすことができる場や遊具を配慮する。

・何にでもつかまったり押したがったりするので、手押し車、ダンボール箱などバランスがよく、安定した物を用意する。

・ひとり立ちができた時の子どもの誇らしげな表情（気持ち）をしっかり受けとめ一緒に喜び合う。

・動きが活発になり、予想もできない場面になって不安になり、危険なこともあるので、いつも目を向けて手を差し伸べられる距離にいるようにする。

・他児がいるところへ突進して、乗ったり押したりするので危険がないように注意する。

・玩具以外の目新しいものに興味を示し、遊びたがる様子が見られるので、それをヒントに手作り玩具などを考え、あそびが広がっていくようにする。

・思わぬところに手が届いたり、入り込んだりすることがあるので、清潔や安全に留意し環境設定を確認し合い十分気をつける。

ここにあるんだよ

あった！

9〜12か月未満児

月齢ごとの発達の特徴と子どもの姿

感覚と手の運動

○玩具を投げる。

○箱の中から玩具を出す。

○片手に1個の玩具を持ったまま、もう一方の手で別の玩具をつかむ。

○ボールを転がしたり、ボールを追いかけたりする。

○音が出る乗り物など、見えなくても音がする方へ顔を向ける。

○時計や電話の音をしばらく聞く。

○音楽に合わせて体を揺らす。
・手あそびや音楽が聞こえてくると体を揺らしたり、手を叩いたりする。
・体操をしているとつかまり立ちのまま大人の真似をして片足を上げて屈伸したりする。

○クレヨンを持って打ちつけたり、横へ往復運動させたりしてなぐり描きをする。

まて　まて　まて

保育上の心づかい

感覚と手の運動

・つまむ、握る、はがす、押す、フタのあけしめなどの指先を使ったあそびができるよう、安全に気をつけて十分に楽しませるようにする。

・玩具は気に入った物が使えるように、子どもの手が届くところに置き、いつでも出したり入れたりが楽しめるようにしておく。

・あそびの中で、隠れたところから声をかけて声がする方に注意を向けさせたり、音がする物を布や箱の中に隠して、音を聞かせ中味を見せたりするなど、予測や期待が持てるあそびを楽しむ。

・手触り、色などを配慮し手作りの積み木などを用意する場合は（たとえば飲料水パックなど）、清潔が保てるよう、洗ったり拭いたりができる材質や作り方にする。

・はがす、めくるなどのあそびに適したものを工夫して作るようにする。

・一人ひとりの発達や興味に応じた環境を整えると共に適切な数量の玩具を用意し安全に遊べるようにする。

・子どもはとても敏感に受けとめるので、色の配合、組み合わせ、玩具の並べ方など、美しさ、気持ちよさに留意する。

> **保育メモ**
> ・玩具など、なめたり口に入れたり、噛んだりするので安全に注意する。
> ・子どもの手が届きそうなところに、手指消毒のボトルや事務用品などを置いたりしない。また子どもが過ごすスペースでは、床に玩具以外は置かない。防災、避難に必要なものを置くような場合は、置き方を工夫して倒れたり危険がないようにする。

5 12か月～1歳3か月未満児

この時期の発達の主な特徴

- 離乳がほぼ完了する。
- 昼寝はほぼ1日1回となる。
- 身近な人や身のまわりにある物に自発的に働きかける。
- 気に入らないとイライラしたり泣いたりして、自分の要求を強く表わすようになる。
- 大人の言うことが分かるようになる。
- いくつかの単語が言えるようになる。
- ことばで言い表せないことは、動作や表情で要求し、指差し、身振りなどで示そうとする。
- 大部分の子どもは歩き始める。
- 不安定ながらも歩けるようになり、押す、投げるなどの運動機能も増す。
- 好奇心が盛んになり色々な物に触れて遊ぶ。
- つまむ、めくる、なぐり描きをするなど、手指を使って遊ぶ。

保育のポイント

- 低年齢ということを、常に念頭に置き、ゆったりと優しくかかわる。
- 一人ひとりの生活リズムを重視して、特定の保育者と一対一のかかわりの中で安定して過ごせるようにする。また、特定の保育者との信頼感を通して、他の大人や子どもたちとのかかわりが広がるよう配慮する。
- 行動範囲が広がると共に何にでも触れ、やってみようとするなど、好奇心が旺盛になる。遊具、玩具を工夫したり、戸外で遊んだり自然を利用するなどあそびの場を拡大し、好奇心が満たされるようにする。
- 生活面でも適切な援助をしながら、子どもがしようとする意欲を育てていく。興味、関心から相手に触ったり、叩いたりする行為が出てくる。一人ひとりの要求を見極め受け入れると共に、徐々に相手とのかかわり方を知らせていく。
- 子どもが覚えた単語や理解していることばを繰り返し語りかけ、子どもの気持ちをことばにかえていく。やりとりを楽しみながら、発語への意欲やことばの理解が進むようにしていく。
- 歩行の開始は個人差が大きいので、時期の早い遅いは気にせず、それぞれの段階を十分に経験させ、子どもの行動を喜んだり、励ましたりして楽しく活動できるようにする。
- ゆったりとした雰囲気の中で、なぐり描きをしたりリズムに合わせて体を揺らすなど、自分を表現することの喜びや楽しさが味わえるようにしていく。

第1章　育ちの姿と保育の手立て

12か月～1歳3か月未満児

| 月齢ごとの発達の特徴と子どもの姿 | 保育上の心づかい |

健康生活

〇昼寝は1日1回となる。
・午前中眠くなることがある。

両手でコップを持ってゴクゴク

〇離乳がほぼ完了する。

〇片手にスプーンを持ち、もう一方の手で、手づかみで食べる。

〇好きな物から食べたり、嫌いな物は受けつけなかったりと、食べ物の好みがはっきりしてくる。

〇こぼすことも多いがコップを持って飲んだり、スプーンを持って食べようとしたりする。

〇よく噛んで食べるようになる。

〇「いただきます、ごちそうさま」と言うと頭をちょっと下げるなどのしぐさをする。
・食事の準備がよく分かってきて椅子に座る、エプロンを胸元にあてる、おしぼりを口に持っていくなどする。

健康生活

《睡眠》
・一人ひとりのその日のリズムを把握し、機嫌よく過ごせることを第一と考え、欲求を満たしていくようにする。

・午前中眠くなる子どもについては、いつでも眠れるように場所を整えておく。

・眠くなるとぐずって泣くことがあるので、安心して眠れるようにそばにつくようにする。

・途中目覚めて泣く子どもには、不安が高まらないように、名前を呼んだり優しく声をかけ、そばについて安心できるようにする。

《食事》
・一人ひとりの体調や機嫌に合わせ、無理なく落ちついて食事ができるよう配慮する。

・自分で食べようとする意欲を大切にしながら、食べやすいように介助する。

・子どもと向き合って、ゆっくり噛むことやゴックンと飲み込むことを知らせていくようにする。

・手づかみでも食べようとする気持ちを大事にし、自分からスプーンで食べたがる時は、持ち方を知らせ、一口量をのせたり、すくう動きに手を添えたり、食べやすいように介助する。

・手づかみ食べから、徐々にスプーンに慣れるようにし、食べやすい持ち方で食べられるよう援助をする。その子なりの食べ方を見守り、「食べられたね、おいしいね」など声をかけ自分で食べられた喜びに共感していく。

・好き嫌いがはっきりしてくる時期なので、いやがる食品については、気分転換をはかりながら勧めたり、次の機会にするなど柔軟に対応する。

86

12か月～1歳3か月未満児

月齢ごとの発達の特徴と子どもの姿	保育上の心づかい
健康生活	**健康生活** 《おむつ交換》 ・おむつ交換はスキンシップをして「きれいにしようね」など、ことばかけをして手早く取り替える。
○「おかおを拭きましょう」と言うとタオルを顔に持っていく。	《清潔》 ・子どもが拭こうとしたら、見守ったり、できないところは手伝ったりしながら「きれいになったね」とことばをかけていく。
○衣服の着脱の時に手を入れようとしたり足を出したりする。  足　でてきたね	《着脱》 ・一つひとつの動作にことばを添えたり、子どもが保育者とのふれあいを楽しみにしながら着替えるようにしていく。

> **保育メモ**
> ・食事や睡眠は情緒とのかかわりが大きいので、不快な気持ちにさせないように心地よく生活できるようにする。
> ・そしゃくがうまくできないので、入園してきた時は、離乳後期食のメニューに変えてみるなどして様子をみていく。
> ・排泄、着脱とも一人ひとりの子どもの発達に合わせて経験できるようにする。

第1章　育ちの姿と保育の手立て

12か月〜1歳3か月未満児

| 月齢ごとの発達の特徴と子どもの姿 | 保育上の心づかい |

人とのかかわり

○友だちや保育者の名前が分かるようになってくる。
・「〜ちゃんはどこ？」と言うとその子どもの方を見て指を差したり、「先生のところへこれを持って行ってね」と言うとその保育者のところへ持って行ったりするが、確かではない。

○気に入らないことがあると助けを求めて泣くことがある。
・玩具を取られると、取った子どもを指差して保育者に訴えて泣いたり、玩具の取り合いをして相手を叩いたり、噛んだりすることもある。

○保育者と物のやりとりをすることを喜ぶ。
・ふざけて物を落とすことを繰り返したり、欲しい物があると手を出してちょうだいしたり、してもらいたいことを身振りで知らせる。

○保育者と一緒に簡単なごっこあそびをする。
・ままごとで人形を寝かせたり、食べる真似をしたりする。
・保育者の真似をして、ゾウ、ウサギなどの表現あそびをする。

人とのかかわり

・大人との安定した関係を大切にしながら、子どもの好奇心や自発的な行動を尊重できるよう安全な環境を設定する。

・子どもの満足感や得意な気持ちを受けとめ、十分活動できるようにしていく。

・保育者の姿を追って泣いたり不安がったりすることが多くなるので、常に声をかけたり目をかけたりして安定した関係が持てるようにする。

・要求や欲求を見極め対応していく。

・顔見知りの人にはとても人懐っこく、保育者や他児とのふれあいを喜ぶので、子どもの嬉しい気持ちに共感する。

・玩具の取り合いや相手を叩く、噛むなどのトラブルは、できるだけ避けるように心がけ、不快の感情が長引かないよう、抱き上げ気分を変えて遊べるようにする。

・子どもの要求を先取りしないよう、待つ姿勢が大切。要求がうまく表現できない時は、子どもの気持ちを察して、相づちをうったりことばを添えたり、子どもが自分から表現できるようにしていく。

・玩具の取り合いや、保育者の膝を取り合ったりする時は、自分の気持ちを十分出せるようにし、その気持ち受けとめながら、相手のことや状況を分かりやすく話してあげるようにする。

ボクもワタシも　やってやって

ハイ　どうぞ

12か月～1歳3か月未満児

月齢ごとの発達の特徴と子どもの姿

ことば

○単語が出てくる。
- 「テーテ」と先生らしき発音で保育者を呼ぶ。
- 食事中「オイチイ」と言ったりする。
- 絵本を指差して「ワンワン」「ニャーニャー」「ブーブー」など、言ったりする。

○ネンネ、タッチ、イラッシャイ、イナイナイ、バイバイなどが分かる。

○ちょうだいと言うと持っている物を渡す。

○身近にある物を「○○はどこ？」と問うと指差す。

○名前を呼ばれると「アーイ」「アイ」など言う。

○ヘリコプター、犬などを見つけると「オーオ」などと言って知らせる。

○要求や行動を片言で伝えるようになる。
- 手を出して抱っこを要求したり、おんぶ紐を持ってきて「ンブ（おんぶ）」などと言ったりする。

○部分的に歌詞を真似て歌う。
- いつもよく歌っている歌や遊んでいる手あそびを覚えていて部分的に真似て言う。

○絵本を見ながらまるで読んでいるかのようにゴニョゴニョと言う。

○だめよ、いけません、が分かる。
- 「だめよ」と言うとちょっと手を引っ込めて大人の顔を見たりする。

保育上の心づかい

ことば

・子どものことばをしっかりと受けとめて、その意味や気持ちを敏感に察してことばを繰り返し、発語の喜びにつなげていく。

・意味を持った単語が少しずつ現れてくるので、物の名前や身のまわりのことなど分かりやすく語りかける。

・保育者の簡単なことばかけを理解しているので、子どもと目線を同じにして正しいことばで話す。

・膝に抱っこして楽しい雰囲気で絵本を見ながら、物の名や動作を表わすことばを話したり「○○はどこ？」と問いかけてみたりしながら、ことばのやりとりができるようにしていく。

・なかなか発語しない子どもも、大人のことばを聞いていることを意識して丁寧に話しかけていく。

・子どもの要求を先取りしないように、片言でも言おうとするのを待って優しく応えていく。

・ままごと、人形あそび、真似っこあそびなどで、簡単な模倣あそびを保育者と一緒に楽しみ、発語へと誘っていく。

自分で絵本をめくっています

保育メモ

・意味のあるものとしてことばが現れだす。
「立っち」と言うと「タッチ」、自動車を「ブー」、飛行機を「ブンブン」など。
・遠くにいる人に向かって大きな声を出したり、隣の部屋の見えないところにいる人に対して呼びかけたりするなどは、イメージができ始めた証拠。

第1章　育ちの姿と保育の手立て

12か月〜1歳3か月未満児

> 月齢ごとの発達の特徴と子どもの姿

姿勢の移動と運動

○一人立ちが安定する。
・一人立ちができることが嬉しく、何度も繰り返したり、足を前に踏み出そうとしたりする。やがて一歩を踏み出す。

○片手を支えられて歩く。

○歩行を開始する。
・両手を上げて一歩一歩、歩く。
・急ぐ時は這い這いになる。

○箱車などを押して歩く。
・ダンボール箱や手押し車を押して歩く。

○いろいろな姿勢（四つ這い、お座り、高這い）で遊ぶ。

○一人で自由に歩き回る。
・歩く、転んでもまた歩くことを繰り返す。

○少し高さのあるところで、多少不安定でも立つことを喜ぶ。

○階段を這い這いで登り降りする。

○手すりや大人の手につかまって階段を登る。

○床の上の物をしゃがんで取る。

よいしょ　よいしょ　押します

> 保育上の心づかい

姿勢の移動と運動

・一歩二歩と歩き始めたら、子どもの得意な気持ちに共感し、一緒に手を叩いたり喜んだりする。

・つい、歩かせてしまいたくなるが、歩く前の一人立ちや、しゃがんだり立ったりする動きも大切にして、その時々の動きを十分経験させる。

・無理に歩かせたり、怖がるのに急に手を離したりしない。

・歩けるようになると、歩き回ることがあそびになる。戸外でのあそびを取り入れ、危険に注意しながら、平地、芝生、砂地、ゆるやかな斜面など、転んでも安全な少し段差があるところなど色々なところで遊べるようにしていく。

・いろいろな物に対する好奇心が盛んになり、何にでも手を触れたがるので、危険な物や場所を事前に点検し、子どもが探索活動を満足にできるようにしていく。

・体の安定を崩しやすいので、遊んでいる時は細心の注意をはらって見守る。

階段　よいしょ　よいしょ

12か月〜1歳3か月未満児

月齢ごとの発達の特徴と子どもの姿

感覚と手の運動

○音楽が聞こえるとそばによってじっと見る。

○音楽に合わせて手足を動かし、その動きがリズムに合ってくる。

○砂に触れたり、握ったりして遊ぶ。

○小さい物を拾って穴に入れる。

○虫や小動物を見つけると手を伸ばして触ろうとする。

○玉落とし、型落としができるようになる。
　・三角、四角も型にはめられるようになる。
　・箱の中などに物を落とし、音がするのを覗き込んで落ちたことを確かめ、次は手探りで取り出し、出したり入れたりを繰り返す。

型落とし　ポットン

○積み木を2〜3個積む。

○ボールを投げる。
　・ボールを持ってポンと投げることを繰り返す（ボールをつかむ、離す）。

○指の動きが細かくなってくる。
　・つまんでポケットの中に物を入れようとする。
　・マジックテープで物を付けようとする。
　・絵本をまとめてめくる。
　・ブロック、コイン、紙きれなど親指と人差し指でつまむ。
　・床や壁に貼ったビニールシールを剥がして遊ぶ。

○笛、ラッパを吹いて音を出す。

保育上の心づかい

感覚と手の運動

・子どもが生活している保育室は、子どもの感覚を育てる上でも大切なところ。物の置き場所、置き方、装飾などにはとても敏感。また、保育者の立ち居振舞いなどが子どものモデルになり、人、物両面の環境が重要であることを心にとめ、生活感、安定感があるように配慮する。

・子どもが知っている歌を一緒に歌ったり、優しく落ち着いた曲を選んだりして保育者が気持ちよく歌って聞くことで楽しめるようにしていく。

・玩具が散乱していると、子どもの転倒や誤飲につながるので、子どものあそびの様子により使っていない玩具はさりげなく片付けていくように意識していく。

・なぐり描きやボールあそびで集中して同じ動作を繰り返している時は、心ゆくまでできるようにする。

・なぐり描きは、子どもが自分を表現している現れ。握りやすい、口に入れても安全な材質のクレヨンなどで描けるように大きな紙や場所を用意する。

・笛、ラッパは口にくわえて歩かないように気をつける。また、友だちと共有しないように衛生面に気をつける。

はい　どうぞ

第1章 育ちの姿と保育の手立て

6
1歳3か月〜1歳6か月未満児

この時期の発達の主な特徴

- 好きな物から食べる。
- 布団の中でしゃべったり動き回ったりして眠る。
- オムツが濡れていない時、トイレに座ると排尿することもある。
- 手・顔・鼻汁などを拭かれてもあまり嫌がらなくなり、自分でも拭いてみようとする。
- 自分で着ようとしてズボンの片方に両足を入れたりする。
- 保育者に親しみをもち、一緒に遊ぶことを喜ぶ。
- 泣いている子を見て頭をなでたり顔をのぞき込んだりする。
- ことばの数が少しずつ増える。
- 絵本の中の知っている物の絵を指さして言う。
- 歩きまわって遊ぶ。
- 片手で支えられて、階段を足踏みのように1段ずつ降りる。
- 2〜3個の積み木を積む。
- 保育者や友だちの動きを真似する。
- 自分の意思を親しい大人に伝えたいという気持ちが強くなる。

保育のポイント

- 物に対する要求を好きな大人に伝えようと、指差ししながらコミュニケーションをとるようになる時期。子どもの興味に共感して受け止め、ことばを添えて応えることが三項関係の育ちにつながっていく。
- 子どもが安心して自分の気持ちを伝えられるように保護者や保育者らと信頼関係を築けるようにする。
- 子どもの自発的な活動を大切にしながら、時には保育者がやって見せるなどして一緒に楽しんでいく。
- 歩行の確立により行動範囲が広がるため、事故防止に努める。
- 探索活動を十分に楽しみ、いろいろな素材に触れられるよう安全な環境を整える。
- できるだけ少人数で過ごし、信頼関係を深められるようにしていく。
- 甘えや、独占したい気持ちには、子どもの欲求を汲み取りタイミングよく応えていく。
- スキンシップや温かいことばかけを大切にする。
- 子どもの発見や驚きを受け止め、共感しながら一緒に楽しむ経験を積み重ねていけるようにする。
- 子どもの身振りや片言から気持ちを汲み取って共感し、ことばにして返していくことで子どもが安心して気持ちを表せるようにする。

〔二項関係から三項関係の成立へ〕

人や物などの対象と一対一で接したり関係を結んだりすることを二項関係という。

抱っこや語りかけなどのスキンシップを一対一で行なうことで、「この人は安心できる」「自分は愛されている」と肌で感じとることができる。また、ずっと同じ玩具を持つなど、物に対しても愛着を示す。こうした「二項関係」を通して、自分が愛されることや愛着を持つことを学んでいく。

二項関係の時期から少し成長すると、物に対する要求を大好きな人に伝えるように指差ししながらコミュニケーションをとるようになる。子どもと物と他者とがつながっていくことを三項関係の成立という。子どもの興味や関心を共有して、気持ちに寄り添うことが三項関係を豊かにしていく。

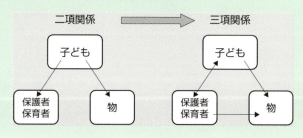

第1章　育ちの姿と保育の手立て

1歳3か月〜1歳6か月未満児

月齢ごとの発達の特徴と子どもの姿

健康生活

○自分の布団が分かり入ろうとする。

○眠る前に布団の中でしゃべったり、動き回ったりしてから眠る。

○食事の準備が分かり、自分でエプロンを着けようとしたり、おしぼりで手を拭こうとしたりする。

○好きな物から食べる。

○スプーンを使うようになるが、手づかみで食べることもある。

スプーンを使って食べる

○両手でコップを持って飲む時、ほとんどこぼさなくなる。また、器を持って飲むこともできるようになる。

保育上の心づかい

健康生活

《睡眠》
・寝つく前にひとり言を言ったり、歌ったりするので見守りながら傍に着き、落ち着いた雰囲気で安心して眠ることができるようにする。

寝つく前にひとあそび

《食事》
・食事を楽しみに準備ができるよう、初めは子どもに任せ、仕上げを保育者がするなどして自分でやりたい気持ちを大切にする。

・「おいしいね」とことばをかけたり食べ物の名前を知らせたり、楽しい雰囲気の中でゆったりと食事ができるようにする。

・食具の持ち方は丁寧に繰り返し知らせていく。

・自分で食べたい気持ちを大切にしながら援助する。苦手な食品も励ましたり褒めたり工夫しながら勧めていく。

> **保育メモ**
> ・保育者から食べさせてもらう食事から、自分で意欲的に食べる食事へと移行していく時期。自分で食べる喜びを感じられる献立や環境づくりが大切。保育者や友だちの食べる姿を模倣し合えることが保育園ならではの環境であり、みんなと食べることが楽しい食事にしたい。

1歳3か月～1歳6か月未満児

| 月齢ごとの発達の特徴と子どもの姿 | 保育上の心づかい |

健康生活

○オムツが濡れていない時、便器に座ると排尿することもある。

○便をした後、表情や動作で知らせることがある。

○便器に座ることに慣れる。

○手・顔・鼻汁などを拭かれてもほとんどいやがらなくなる。

○自分で着ようとして、ズボンの片方に両足を入れたりする。

ズボンを履こうとして……

○ボタンを外してあげると、一人で脱ごうとする。

健康生活

《排泄》
・排尿・排便の知らせを察して、優しくことばがけをしながら交換する。

・個々の排泄間隔や季節を考慮しながら、トイレに誘ってみる。

・便器で排尿できた時は、「おしっこでたね」など、声をかけることで子どもが排尿したことを感じられるようにする。

《清潔》
・保育者が一緒に手を洗ったり鼻を拭いたりすることで、気持ちよさを感じることができるようにする

《着脱》
・自分でやろうとした時は温かく見守り、「やって」と来た時には一緒に手伝うなど、タイミングよく援助していく。

保育者の膝で着替え

・優しいことばがけをして、ゆったりとした気持ちで接し、興味を引き出すようにする。

保育メモ

・保育者の援助を受けながら自分でできることが増えていく。新しいことができるようになることは、子どもも保育者もうれしいこと。子どもの気持ちを受けとめ、ことばを添えて伝えることでうれしさを共感できるとよい。

第1章　育ちの姿と保育の手立て

1歳3か月～1歳6か月未満児

| 月齢ごとの発達の特徴と子どもの姿 | 保育上の心づかい |

人とのかかわり

○保育者に親しみを持ち、一緒に遊ぶことを喜ぶ。

○保育者と一緒に駆けたり、追いかけたりして遊ぶことを喜ぶ。

保育者と追いかけっこ

○してほしいことを動作で伝えてくる。

○気に入った絵本を何度も見る。

○泣いている子を見て頭をなでたり顔を覗き込んだりする。

なかないで～

○玩具をとられると力ずくで取り返そうとする。

人とのかかわり

・甘えたい気持ちや主張を受け止め、自分を十分に出せるように応じていく。

・子どものしぐさや声での要求にことばを添えて、「～したいのね」と表しながら受け入れていく。

・子どもの驚きや笑いに共感して、タイミングよくうなずいたり受け入れたりしながら、安心感や自信をもてるようにしていく。

・玩具の取り合いなどからのトラブルは、危険がないように配慮して、子どもの気持ちを代弁しながら、それぞれが満足いくように対応する。

・気に入らなくて体を反り返すなど、気持ちを強く表現した時は、抱いて気持ちが落ち着くのを待ち、「～したかったのね」と子どもの気持ちにことばを添えて受けとめていく。

子どもの気持ちを受けとめて

保育メモ

・「じぶんで」という気持ちや「いや」ということばの思いをくみ取り、自己主張を受けとめてゆったりとしたかかわりの中で自我を育んでいく。保育者に受けとめられる体験が好奇心旺盛な自我を育て、生きる力になる。

1歳3か月～1歳6か月未満児

月齢ごとの発達の特徴と子どもの姿 | **保育上の心づかい**

ことば

○簡単な手あそび、ことばあそびを理解して保育者と一緒に遊ぶ。

保育者と手あそび

○ことばの数が少しずつ増える。

○本の中の知っている物を指さしして言う。

○自分の要求を「(とっ)て」と語尾で言ったり身振りや指差しで伝えようとしたりする。

ぼくも～！

ことば

・ことばの模倣がとくに盛んになる時期なので、優しく、ゆっくり正しいことばで話すように心がける。

・言おうとすることばを感じとり、共感して応答していく。

・名前がわかってくるので、あそびの中でも呼びかけてやり取りを楽しみ、他児の名前も徐々に知らせていく。

保育者の仲立ちで

・保育者と一緒に楽しく遊びながら発語へと誘い、ゆったりとした触れ合いの時間をもつように心がける。

保育メモ

・しぐさや表情、片言で表す子どもの気持ちを、「○○だね」「○○したいね」などとことばにして十分に受けとめて温かく応じる。保育者に気持ちが伝わった喜び、安心感や信頼感をもてるようにする。

第1章 育ちの姿と保育の手立て

1歳3か月〜1歳6か月未満児

> 月齢ごとの発達の特徴と子どもの姿

姿勢の移動と運動

○歩くことが楽しく、歩きまわって遊ぶ。

○保育者が追いかけると、喜んで逃げようとする。

○乳児用すべり台によじ登ったり、腹這いになって足から滑ったりする。

すべり台あそび（室内）

○片手を支えられて階段を足踏みのように一段ずつで降りる。

○自分の立っている場所で回ることができる。

○簡単なリズムに合わせて手をたたく。

リズムあそび

> 保育上の心づかい

姿勢の移動と運動

・行動範囲が広がり、一人ひとりの探索が盛んになる。危険のないように見守り、やりたいことをのびのびとできるようにする。

・広い場所や戸外でのあそびも取り入れ、危険のないようしていろいろな場所で遊べるようにする。

・遊具や玩具の点検、危険物の排除等、子どもが安全に活動できる場所の環境を整えていく。

・子どもの行動を禁止せず、一人ひとりの探索活動を大事にする。遊ぶ中で様々な体の動きを経験できるようにする。

なにかな〜？

・いろいろな歌をうたったり、音楽を聴いたりして体を動かし一緒に楽しむ。

> 保育メモ

・周囲の物に関心を持ち、いろいろな物に触れて遊びたがる時期。安全への対応を十分に行なったうえで、子どもの行動をむやみに禁止せず、動きや探索の体験を見守っていく。

・「おもしろかった」「楽しかった」という気持ちを満たせるようにかかわる。

1歳3か月〜1歳6か月未満児

> 月齢ごとの発達の特徴と子どもの姿　　　保育上の心づかい

感覚と手の運動

○保育者や友だちの動きをまねする。

○ままごとの皿や茶碗を持って食べるまねをする。

ままごと食べるまね

○クレヨン等で腕を横に動かして、なぐり描きをする。

○絵本を読んでもらうのを喜ぶ。

○音の出る物を叩いたり振ったりして遊ぶ。

音の出る物で遊ぶ

○2〜3個の積み木を積む。

感覚と手の運動

・探索行動が活発になると同時に、あそびの関心も広がり模倣が多くなるので、あそびの内容にも変化をつくり、充分に楽しめるよう工夫する。

・大人の立ち居振る舞いや、物の扱い方、ことばづかいを、子どもは真似て身につけていく。保育者は子どもの手本となるよう心がける。

・なぐり描きは、子どもが使いやすい素材を準備して、のびのびと描けるような環境の設定を心がける。

・絵本に興味を示すので、ゆったりとした気持ちで膝に抱いて絵本を読むなど、気に入った絵本を読む機会を多くもつ。

・明るい、リズミカルな親しみやすい歌や音楽を選ぶようにして、簡単な歌あそびを楽しむ。

・片付けは、あそびの一部として、物の区分けや分類、認知等、知的はたらきを助けるものとしてとらえ、保育者と一緒に楽しみながら行なう。

> **保育メモ**
> ・一人あそびが十分できるように興味をもったあそびを楽しめる場や物、時間を保障する。
> ・いろいろな物を見たり触ったりつまむなど、子どもが体験した発見や驚きを受けとめて共感する。

7 1歳6か月〜2歳未満児

この時期の発達の主な特徴

- 好きな物を自分で食べようとする。
- 寝る前にひとりごとを言ったり、歌ったりする。
- オムツが汚れたら動作や表情で知らせたりことばで教えたりする。
- ことばかけにより自分で手や顔を拭こうする。
- 簡単な衣服は、保育者に手伝ってもらいながら脱ごうとする。
- 保育者が仲立ちとなりしばらくの間、友だちと一緒に遊ぶ。
- 玩具を独り占めしようとする。
- 身近に体験したり知っている話などを喜んで聞く。
- 保育者の語りかけや声かけを理解して行動しようとする。
- 歩行が安定する。
- ぶら下がる、くぐる、歩いて後ずさりするなどができるようになる。
- 人形を抱いたりおぶったりして遊ぶ。
- 自分の物と他児の物の区別がつき始める。
- 保育者の話しかけや、やりとりの中で、声や簡単なことばを使って自分の気持ちを表そうとする。

保育の**ポイント**

● 「見ているよ」「だいじょうぶだよ」という保育者の子どもを受けとめる気持ちが、子どもの心を満たしていく。こうした大人とのやりとりが、「自分を見ていてくれている」という安心感や信頼感につながっていく。

●子どもが自分でやりたいという気持ちを大切にし、意欲的に生活できるようにする。

●自我の芽生えと、だだこねをする姿には穏やかな気持ちで関わり、子どもが気持ちを立て直せるようにする。

●予測できない行動も多くなるので、環境や活動の状態、子ども相互の関わりなどに十分注意する。

●一定の場所で食事や睡眠をすることで、安心して生活ができるようにする。

●子どもを待たせたり戸惑わせたりしないように、保育者同士が連携をとる。

●子どもに対して常に声をかけるのではなく、見守ることやアイコンタクトも大切にする。

●全身を使ういろいろなあそびを保育者と一緒に楽しめるように、子どもの興味や関心に合わせて、安全に活動できる環境整備を行なう。

●戸外で遊ぶ機会を多くもち、起伏のある場所や斜面、階段の昇り降りなどのあそびに誘う。

●保育者と一緒に、身近な生活の再現あそびやごっこあそびを、友だちと繰り返し楽しめるようにする。

第1章　育ちの姿と保育の手立て

1歳6か月～2歳未満児

> 月齢ごとの発達の特徴と子どもの姿

> 保育上の心づかい

健康生活

○活動量が増えて、まとまった時間眠るようになる。

○好きな物を自分で食べようとする。

好きなものは自分で

○ほとんどこぼさずにコップで飲むようになる。

○褒められたり励まされたりすると、嫌いな物でも食べてみようとする。

○スプーンやフォークを上から握り、ほとんどこぼさずに食べる。

○保育者と一緒に「いただきます」「ごちそうさま」の挨拶をする。

健康生活

《睡眠》
・静かな環境を整え、心地よく自然に眠れるようにする。

《食事》
・好き嫌いがはっきりしてくる時期なので、苦手な食品はことばかけなどを工夫して徐々に食べられるようにしていく。
・食べ物の名前を言うなど、友だちの食べている様子を話しながら、ゆったりした雰囲気の中で食事ができるように心がける。

いただきます

・手づかみから徐々にスプーンに慣れるようにし、食べやすい持ち方ができるような援助を心がける。

ほとんどこぼさないで食べる

> 保育メモ

・一人で食べられる範囲が広がるにつれて様々な食事の習慣を身につけていく。両手で器を持って飲むことなど、保育者が具体的な言葉とモデルを見せながら丁寧に伝えていく。
・見通しや目的をもち始めるので、生活の流れを大切にして、見て分かりやすい環境に整える。

102

1歳6か月〜2歳未満児

> 月齢ごとの発達の特徴と子どもの姿

> 保育上の心づかい

健康生活

○オムツが濡れていない時に便座に座ると排尿することもある。

○排泄した後、動作や「シーシー」「チッチ」などと、ことばで伝え始める。

○トイレで排尿することを喜ぶ。

○ことばかけにより、手や顔を拭こうとする。
○手が汚れたことが分かる。
○鼻汁が出るとことばで知らせたり、動作で知らせたりする。

○簡単な衣服は、保育者に手伝ってもらいながら脱ごうとする。
○保育者がボタンを外すと自分で脱ごうとする。
○首を通してあげると自分で手を通そうとする。
○ボタン・スナップに興味をもち、引っぱろうとする。
○靴を脱ごうとする。

靴を脱いだら靴下も

健康生活

《排泄》
・仕草や動作を見逃さず、一人ひとりの排泄間隔を把握して、時間に捉われることなく誘っていく。
・便座に座る時間が長くならないように、子どもがあそびはじめたら次の活動に誘っていく。

《清潔》
・子どもが自分で拭こうとしたら見守り、ほめたりことばをかけたりする。仕上げに保育者が拭いて清潔にする。

手洗い

・汚れていたこと、きれいになったことをことばで伝え、時には鏡を見て感じ取れるようにする。
・鼻汁が出たら「フーン」と声かけをして、片方ずつかんでいくことを知らせる。

《着脱》
・ゆったりした気持ちで見守り、子どもの様子を見て手伝い、やりやすい方法をわかりやすく伝えていく。
・ボタンやスナップの操作ができる玩具などを用意して、あそびの中で楽しめるようにする。
・脱ぎ着のしやすい服や靴のサイズなど、家庭と連絡を取りながら、子どもが自分でしようとする気持ちを育てていく。

第1章　育ちの姿と保育の手立て

1歳6か月〜2歳未満児

> 月齢ごとの発達の特徴と子どもの姿

> 保育上の心づかい

人とのかかわり

○保育者との信頼関係を深め、自分の気持ちを安心して表す。

○保育者が傍にいると安心して一人あそびができる。

○身の回りの保育者や友だちに関心をもち関わろうとする。

○玩具などを独り占めしたがる。

○少しの間友だちと手をつなぐ。

友だちと手をつなぐ

○人形を抱いたりおぶったりする。

人形をおんぶしてお出かけ

人とのかかわり

・少人数で過ごす時間を大切にして、特定の保育者が関わることで、信頼関係を深められるようにしていく。

・自我が芽生え「イヤイヤ」と、だだこねをする姿が出てくる時期なので、保育者は穏やかな気持ちでかかわり、子どもが気持ちを立て直せるようにしていく。

・友だちと関わる際、ことばが未発達なため、手を出してしまうこともある。子どもの思いを汲み取り、行動を予測して未然に防げるようにする。

子どもの気持ちをことばにして応える

・子どもの身振り手振りからも気持ちを汲み取り共感して、「〜したかったのね」「よく見つけたね」など、ことばにして応えていくことで、子どもが安心して気持ちを表せるようにする。

・一人ひとりの子どもがゆったりとじっくり遊べるように、玩具の数に配慮して使いやすいように工夫する。

> **保育メモ**
>
> ・保育者の優しい表情や穏やかな声と、「見ているよ」「だいじょうぶだよ」という、子どもを全面的に受けとめる気持ちが、子どもの心を満たしていく。この保育者と子どもの関係が基になり、子どもは主体性をもってのびのびと過ごすことができる。

104

1歳6か月～2歳未満児

月齢ごとの発達の特徴と子どもの姿	保育上の心づかい

ことば

○身近な話を喜んで聞く。

○「これなに？」と聞く。

いたね〜

○ことばの数が増えてくる。

○語尾を言う。

○オウム返しをする。

○挨拶をする。

○要求語・否定語を言う。

○二語文が話せるようになる。

○友だちの名前を言う。

○保育者の語りかけや声かけを理解して行動しようとする。

ことば

・ことばが発達する時期なので、優しく、ゆっくり正しいことばで話すよう心がける。

・子どもが、相手になってもらったという喜びを感じることができるように一対一で話すなど、かかわりながら子どもの話そうとする気持ちを大事に受けとめていく。

・自我の芽生えにより「ダメ」「イヤ」と主張が多くなるが、発達を理解し、ゆったりとかかわっていく。

・生活経験を豊かにして、子どもが感じたことに共感しながら、ことばが結びつくようにする。

・子どもの問いかけには、わかりやすいことばで丁寧に応え、相手になってもらえた喜びを感じ、満足できるようにする。

子どものことばに丁寧に応える

保育メモ

・片言の話に応えたりおしゃべりしたりすることが、ことばの獲得や気持ちのつながりになっていく。指差しや身振り、片言で伝えようとしていることを受けとめてことばにして返し、子どもが気持ちを伝える喜びや、ことばを使う楽しさを感じられるようにする。

1歳6か月～2歳未満児

月齢ごとの発達の特徴と子どもの姿

姿勢の移動と運動

○歩行が安定する。

歩くことが楽しい

○しゃがんだまま遊ぶ。
○ぶら下がる、くぐる、歩いて後ずさりすることができるようになる。
○両足は揃わないが、その場で両足とびができる。
○乳児用スベリ台を前向きに座って滑る。
○ボールをける。

えい！

○手で調子を取りながらチョコチョコ走る。

保育上の心づかい

姿勢の移動と運動

・危険の判断や行動の抑止が十分に発達していないので、保育者は素早く行動して危険を感じたら細心の注意をはらう。

・巧技台の組み合わせや、あそびを広げられるような場所の設定を工夫して、全身を動かして遊べるようにする。

そろり、そろり

・散歩に出かけ、周りの自然や動植物、乗り物に興味をもって見たり感じたりする経験ができるようにしていく。

・変化のある場所（砂利道、坂道等）を歩く経験ができるようにしていく。

・遊具の組み合わせやあそびを広げられるような場の設定を工夫し、基礎的な運動機能の発達を援助していく。

保育メモ

・子どもは、少し難しいことに挑戦していく。チャレンジを繰り返して様々な能力を高め、感覚を統合しながら身体をコントロールする力をつけていく。

1歳6か月～2歳未満児

> 月齢ごとの発達の特徴と子どもの姿　　保育上の心づかい

感覚と手の運動

〇生活やあそびの中で保育者のすることに興味をもち、模倣することを楽しむ。

〇クレヨン等でグルグル丸を描く。

ぐるぐる〜

〇絵本のページを1枚ずつめくる。

〇粘土をちぎる。

〇ブロックをはめる。

ポットン　はいった！

〇水道の蛇口をひねる。

〇自分の物と他児の物がわかり始める

〇積み木を積んで遊ぶ。

感覚と手の運動

・身近な生活を再現して見せたり、興味がもてるようなきっかけをつくったりして、一緒に楽しく遊ぶ。

・子どもは、身近な保育者をモデルにするので、日頃から動きや物の扱い方、ことばづかいに気をつける。

・いろいろな素材に触れられるよう安全な環境を整える。

・子どもの発見や驚きを受けとめて、共感しながら一緒に楽しむ経験を積み重ねていけるようにする。

・発達に合った玩具を用意して、置き方などを工夫して子どもの遊びたい、試したいという気持ちを満たしていく。

・子どものあそびに添って玩具や道具を用意することによりあそびが広がる。保育者は子どものあそびの様子をよく見ることを大切にする。

くるまだよ

・指先が発達する時期なので、様々な玩具や素材を選び、指先の操作をともなうあそびを工夫していく。

離乳食の進め方

1. 離乳食の意味

　乳児が離乳食を食べ始め、様々な経験を経て完了していく道筋は、乳児が最初に出会う大きな出来事である。離乳は乳児が人間として成長発達していくための栄養摂取と摂食機能の獲得、生活習慣の基礎づくりなど、精神面での発達に大きく影響することを心したい。

　育児の中で、離乳食の開始は、保護者にとって大きな喜びであると共に不安でもある。そのため、育児の大変さや難しさに戸惑い、不安感が募るのも、離乳食がうまくいくかどうかに、かかわっていることが多い。保育園と家庭がお互いに理解し合い、子どもにとって食事がスムーズに受け入れられ、食べることが喜びとなるように連携していくことが大切となる。

2. 離乳食の方針と留意点

①離乳食を通して、これからの基礎となる"摂食機能"を発達させ、かつ、"自分で食べることへの意欲や喜び"を身につけていくようにしていく。そのために、

- 保護者や保育者など、信頼できる大人と一緒に楽しく食べる。
- 子どもの発育、発達に合わせて離乳を開始する。
- 子どもは、摂食機能、消化機能、吸収能力が未熟なので、体調や便性に留意して無理のないように段階的に進める。
- 一人ひとりの子どもに合った調理の形態や援助の仕方を配慮し、各々の段階における機能や食事行動を育てていく。
- 食事の雰囲気づくりや環境に配慮し、ゆったりと落ち着いて食べられるようにする。
- 食器類や椅子は適切なものを準備する。

②一人ひとりの成長に合わせた過程を経ながら、無理のないよう完了していくことを理解しておく。

- 乳児は初めて経験することへの戸惑いや緊張感が高い。
- アレルギー対応の基本として、「保育所で初めて食べる」食品がないように、保護者と連携をする。
- 開始時、形態が変わった時、新しい味を口にした時、コップや椀を使用した時、次の段階へなかなか進めない子どもに出会った時は、焦らず子どもの状態に合わせていく。
- 食べることに、少しずつ慣れていくようにしていく。初めは口唇が閉じないので、ダラダラと出てしまうが、1〜2週間と経験していくうちに上手になっていく。やがて口唇を閉じてゴックンができるようになる。

③食事は、"心の栄養"も満たしていくことを心して、毎日の繰り返しの中で、食事にかかわる保育者が重要な存在であることを認識する。

④家庭と、子どもの摂食機能の発達と離乳期の理解を、共通にして連携していく。

⑤食物アレルギーの対応については、医師の指示を基に対応する。

3. 離乳食と保育者（各職種の連携）

　子どもの"サイン"をしっかり見て保育者が感じとり、発達にそってかかわり、調理職員が調理を行なう。そのためには、献立を作成する栄養士、調理する調理職員、食事につく保育者の連携が重要である。そして、喫食の実際を観察し、援助してみてお互いの情報や意見を交換し合い共通理解のもとに進めていく。

4. 摂食機能の獲得に向けて　～子どもの姿と保育者のかかわり方・調理上の配慮～

　①授乳期の頃

- 子どもの飲みたいという"サイン"を見落とさないようにして、基本的には、その子の飲める量を飲ませていく。
- 3か月を過ぎる頃から、目覚めて遊ぶ時間が徐々に増えてくると同時に、飲み方や量も安定し、授乳の間隔も定まってくる。
- その子のお腹の空くリズム（睡眠と授乳、あそび）を整えていくようにし、離乳食開始へとつなげていく。
- 授乳における保育者とのかかわりが、今後の食事の基礎になる。

　②離乳食開始の頃　（離乳初期5～6か月頃）

　　～嚥下を獲得する～

- 舌は前後に動き、食べ物を送るようにして食べる。スプーンは口に合ったもので深くないもの、一口の量は少なめがよい。
- 開始時期は、一人ひとりの状況を見極めて決める。5か月を過ぎた頃、発育も順調で授乳の時間も定まってきたタイミング。そして、大事なことは、他児や家族の食べている様子を見て、口を動かしたり、じっと見てよだれを出したり、身を乗り出すようなしぐさをして"自分も食べたい"という気持ちが表れている時。
- サインに気づくよう、子どもの様子をよく観察する。
- 保育者もゆったりとした気持ちで、一対一で腕に抱き、安定した姿勢で子どもの食べている様子を見る。
- 適切なタイミングで援助し、目を合わせ「おいしいね」などと、ことばをかける。
- 食べることに少しずつ慣れていくようにする。初めは口唇が閉じないので、ダラダラと出てしまうが、1～2週間と経験していくうちに上手になっていく。やがて口唇を

閉じてゴックンができるようになる。

> 形態は「なめらかさ」が大切。おかゆの粒は、喉につかえることもある。
> 形態に配慮し、いやな経験を重ねると緊張や抵抗感につながるので、いやがったらやめて様子をみる。その子の食べやすい好みの味からすすめていくことが大切。

③つぶして食べることに慣れていく頃（離乳中期7〜8か月頃）

～唇、舌、あごを使って食べ物を取り込み、舌で上あごに押しつぶして食べることに慣れる～ **"離乳食の要"の時期**

- 下唇の上にスプーンを持っていくと、上唇を使って取りこむ。スプーンは平らなものがいい。また、スプーンは口の奥まで入れない。上あごに食べ物を押しつけて固さや大きさを知り、食べ物をつぶそうとする経験を大切にする。魚などぱさつく物は、唾液を出して混ぜようとするが、困難になり、口に溜まってしまうことがある。

> なめらかな物から徐々に形のある物に変えていく時期なので、調理の形態は小さく切ることではなく、"舌でつぶせるくらいのやわらかさ"が大切。食品によっては、とろみをつけるなど工夫する。

- ぱさつき、舌ざわり、味やにおいなどに敏感になって、べーっと舌で出したり、手を入れて確かめたり、ほじくり出したりする姿が見られる。
- 食べたい気持ちが先走り、「早く」と催促して焦ったり、調理形態が合わないと丸呑みになったりする。
- いつから形態を進めていくか、また、丸呑みになってしまった時、元の形態または大きさに戻すべきか、逆に歯ぐきでつぶせる食材を取り入れていくかは、子どもの様子により判断していく。

> 食事の組み合わせや形態を、バランスよく配慮する（主食・主菜・副菜・汁物・果物。主食は粥以外に麺やパンもある）。また、中期から後期への移行を見極めるため、主菜には、やわらかい物の中にも、1〜2品は、歯ぐきでつぶせるくらいの食材を取り入れるなど工夫する。

初期

中期

後期

完了期

- いろいろな味に慣れていく時期。
- 味覚は、いろいろな食べ物を経験して発達していくとともに、感受性が高まる。味覚形成が十分できるように食材の数を増やしていく。
- 味付けは素材を生かしつつ、薄味を基本にする。

④そしゃくの発達に向かう時期　（離乳後期9～11か月）

～歯ぐきでカミカミして噛みつぶし、唾液と混ぜて自分で食べる機能が発達する～

- 保育者があげていた一口の量の経験を土台にして、徐々に子どもが自分に合った量や大きさをかじり取ったり、噛み切ったりして食べられるようにしていく。
- 自分で手にもって食べようとしたり、コップや椀から飲んだり、スプーンを持ちたがるなどが見られるようになる。
- 空腹のときや食欲旺盛な子どもが、口いっぱいに入れてしまうこともある。
- 手と目と口の協調動作が芽生えてくる。
- 慣れた人と慣れた場所で食べるようにする。
- 保育者は食事の準備を整えて、途中で立ったりバタバタしたりしない。
- 自分で食べようとしたり、好みが少しずつ出てきたりするので、子どもが自食することと援助することを見極め、適切に援助し、食べ方を身につけ、意欲を育てていく。一時的に食べないこともあるので、保育者が食べる仕草を見せるなどして、無理せず次に向ける。

調理上では、歯ぐきでつぶせるくらいのやわらかさと大きさが十分に配慮されていること。さらに、手に持って噛み切って食べられるようにスティック状に切る、小皿に取り分けるなど、取りやすいようにしていく。盛り付けや彩り、切り方などに変化をもたせ、目先を変えてみるとよく食べる。

⑤離乳の完了を目指して　（離乳完了期12か月頃～1歳6か月頃）

- 手と目と口の協動が進み、前歯で噛み取り、自分で食べようとする気持ちが旺盛になる。保育者が援助しようとすると怒ることもある。
- 手づかみで食べたり、スプーンやフォークを使おうとしたり、食器を持って飲んだりする。
- 食べてから睡眠するというリズムが一定してくる。

調理上の配慮として、食品のやわらかさと大きさ、なめらかさとほどよいとろみ、切り方、献立上の配慮として彩り、食品のバランス、旬のものを取り入れるなどが重要である。
適温や安全性に注意し、離乳食の内容を豊かにしていく。

よいしょ

ゆっくり……

足はどこにおこうかな?

できた

第 ② 章

保育の中の子ども理解

一人ひとりの個性を大事に

事例とコメント

1
食事編

授乳 (3・4か月)

　保育園入園にあたり、家庭では母乳だけで哺乳ビンからミルクを絶対に飲んでくれないと母親は話していました。今まで保育をしてきて、どんなに家庭で飲まないと言っても、保育園生活に慣れてきたら少しずつ飲めるようになる子が多かったので、きっとこの子もミルクが飲めるようになると思っていました。ところが、乳首が口に入るだけで嗚咽が始まり大泣きして飲めない日が続きました。水分だけでもと思い、お茶を飲ませたり、味に慣れればとミルクをスプーンで一口あげてみたり、場所を変えたり、お腹が空いたら飲むかなと時間を変え色々な方法を試してみました。どうしたらＡちゃんが飲むことができるだろうかと、担任は悩みながら試行錯誤する日々が続きましたが、Ａちゃんのペースを大切に、焦らずかかわっていくことを心がけていくと、入園から２か月後、Ａちゃんは哺乳瓶からミルクを飲むことができるようになりました。

コメント

　Ａちゃんの担任は、「いつかは飲めるようになる」と信じて、ゆったりした気持ちでかかわることを大切にしてきました。２か月くらいかかりましたがＡちゃんがミルクを飲んでくれた時は、担任も嬉しく、ひと安心したことでしょう。何よりＡちゃんの保護者が安心されたと思います。
　入園当初は、子どもも環境や人の変化を感じています。家庭との違いに緊張や不安を示すこともあります。まずは子どもが保育園での生活に慣れ、安心して過ごせるようかかわっていくことを心がけたいですね。一人ひとりの性格や特性を理解して子どものペースで進めてくことが大切です。

家庭と一緒に…… (5か月)

　保育園での授乳を、冷凍母乳で対応してもらいたいと希望されたＯちゃんは、哺乳瓶で飲む経験がなかったため、家庭でも哺乳瓶を少しずつ試してもらうようお願いしました。

入園当初は、冷凍母乳もミルクも嫌がり飲みませんでした。母親から、家庭ではいつもウトウトしながら母乳を飲んでいるということを聞き、園でもウトウトし始めた頃に、哺乳瓶の乳首を口元に持っていくようにしてみました。しかし、ウトウトしながら飲んでも、飲む量は少なく全く飲まない日もありました。家庭での授乳と同じようにすることでOちゃんが気持ちよく飲めるようにしたいと思い、家庭でどのように授乳しているのか、母親に様子を詳しく聞くことにしました。ミルクのタイミングや温度などを聞くうちに、保育園での冷凍母乳の温度が、Oちゃんにとって適温ではなかったことに気づき、ひと肌より少し熱めで提供してみると、少しずつ飲むようになりました。入園して1か月が経ち、今では、ぐびぐびと冷凍母乳を飲んでいます。

> **コメント**
>
> 家庭では母乳を飲み、ミルクを飲んだ経験がない子ども、哺乳瓶を使ったことがない家庭の子どももいます。保育園に入園する前から、少しずつ家庭で哺乳瓶から飲む経験をしてもらえるとスムーズに授乳を進めることができます。しかし、母乳を飲んでいる子どもは、中身が母乳であっても、哺乳瓶で飲むことを嫌がることもあります。家庭で母乳を飲む様子や、タイミング、環境などを詳しく聞きながら、子どもが気持ちよく授乳できる環境を保育園でもつくってあげることが大切です。子どもが園生活に慣れるまで、保護者も不安な気持ちでいっぱいです。保育園での授乳の様子や飲んだ量など詳しく伝え、園と家庭とが連携を取り合い、子どもが安心して飲めるようになるまで「一緒に考えていきましょう」という姿勢が、保護者の安心にもつながります。

第2章　保育の中の子ども理解

食物に少しずつ慣れていく　　　　　　　　（7か月）

　食事の形態が、マッシュ状のものから固形状になりモグモグとうまく口を動かすことができず、むせる様子があったMちゃん。5mm角の人参を口へ運ぶ度に泣いてしまう日が続きました。

　人参を一つずつスプーンですくい、「モグモグだよ」とことばをかけながら、保育者が口の動きを見せるようにしました。数日経つと、固形状の食事や新しい食品に少しずつ慣れ、Mちゃんなりに食べるコツがつかめた様子で、モグモグと口を動かし舌でつぶして飲み込めるようになりました。泣いていたあの日々が嘘のように、今は嬉しそうに食べています。

コメント

　何事にも慎重なMちゃんなので、新しい形態に慣れるまでは、きっと時間がかかるだろうと保育者は感じていました。初めてのことに不安や緊張を感じる子もいます。一人ひとりの性格も考慮しながら、その子に合わせたペースや方法を見つけていくことが大切です。担当の愛情をもったかかわりや、Mちゃん自身の経験も必要です。うまく噛めないことで、食事の時間が嫌な時間とならないよう配慮して、少しずつ進めていくことが大切です。「なんで食べてくれないの？」という保育者の焦る気持ちが伝わると、子どもも不安になってしまうので、保育者自身が食事の時間を楽しみながら援助できるといいですね。

焦らずゆったりと接していく　　　　　　　　（9か月）

　Nちゃんは最近、要求や感情をはっきり出してくるようになり、担当の保育者が他の子を抱っこしていると、手で払いのけて自分が抱かれようとしがみつき、頬をすり寄せてきたり、甘えや後追いも激しく、泣きながらどこまでも追ってきたりしています。

　食事では、離乳食が順調に進み、準備を始めると嬉しそうに這い這いで近寄ってくるようになり、口を大きく開けて自分からニコニコしながら積極的に食べていました。

　ところが最近、一度口に入れたものをベーと出したり、ミルクのコップを手で押しのけたりして抵抗するようになりました。「おいしいね」とことばをかけて、もう一度食べさせてみても同じように出してしまいます。「あらっ」と思う保育者の顔を見てニッコリ笑ったかと思うと、そばの子に手を出し嬉しそうに何か話しかけるようにしたりします。「Nちゃん、おいしい、おいしい、モグモグしようね」と、気分を変えるようにして、もう一度スプーンを近づけると、今度はもっと怒って「ウウーン」と顔を横に向けてしまい

ます。イヤイヤの時期、分かってはいますが、「かかわり方がいけないのか」と悩むこともあります。

コメント

　　離乳食はいつも調子よくというわけにはいきません。途中でご飯しか食べなくなったり、嫌になると何でもベーと出してしまいほとんど食べない姿が現れてきたりします。今までよく食べていた子どもの変化に戸惑い、やがて、食べない、飲まないということだけにとらわれがちです。
　　食事の姿だけにとどまらず、子どもの全体像を理解することが大切です。心身の成長が食べることにもつながっていることを理解し、子どもの心の育ちをしっかりとつかんでかかわることが大切です。
　　「食べさせよう、食べさせよう」と焦る気持ちは禁物です。離乳食は保育者との心の交流を基盤に、一人ひとりの進み方に合わせて"楽しい食事""意欲的に食べる"ことを目指していきましょう。

自分で食べたいの　　　　　　　　　　　　（１歳６か月）

　Sくんは、保育者がエプロンを着けると食事の時間と分かり、「まんま」と嬉しそうに食事の椅子に座るようになりました。「ん・ん」と食べ物を指さして、食べたい気持ちを伝えてきます。
　保育者が「食べようね」と声を掛けて食事を並べると、「待っていました」と言わんばかりに、指でつまんで「もぐもぐ」と食べ始めます。まだまだポロリポロリと食べ物が落ちたりこぼれたりしますが、自分で食べることがとても嬉しい様子です。
　スプーンを握りながら、もう片方の手で食べ物をつかんで食べることが多く、保育者は手を添えスプーンの持ち方を知らせています。手の方が思うように食べられる様子です。
　「あぐあぐ、ごっくんね」と保育者は口の動きを見せながら、『ゆっくりよく噛んでスプーンを使って食事を』と思いますが、今はSくんの〝食べることが楽しく自分で食べたい″という気持ちを大切にして、「おいしかった」と満足して食事を終えるようにしています。

コメント

　　手づかみ食べは、自分で食べる初めの一歩です。２本指、３本指でつまんで食べ物の硬さ、柔らかさ、冷たさ、温かさを感じとっていきます。
　　自分で食べる、食べたいと思う気持ちを大切にしながら、保育者が口の動きを知らせたり、スプーンの持ち手を支えたりしながら、味わうことも食具を使うことも関心がもてるようにします。

2
睡眠編

安心して眠る　　　　（6か月）

　Yちゃんは、家庭で抱っこひもを使って昼寝をしていました。保護者に家庭での様子を聞き、園でも抱っこやおんぶで眠りましたが、布団に寝かそうとするとすぐに起きてしまいます。まだまだ安心して眠ることができないYちゃんの気持ちを理解して、しばらくは抱っこで眠る時間を大切にしてきました。新しい生活や部屋にも徐々に慣れ、一日を通して安心して遊べるようになり、担当保育者との関係ができ始めた頃、抱っこやおんぶから布団に寝かせてみると、すんなりと布団で眠れるようになりました。ごろごろと体を動かし、落ち着ける姿勢を見つけ、安心した表情でスヤスヤと眠る寝顔は保育者にも天使のように見えました。

> **コメント**
> 　入園後は、保護者のもとを離れ、新しい生活を送ることとなります。泣いて表現しない時でもYちゃんの不安な気持ちを理解し、まるごと受けとめることが大切です。園でも安心して過ごせるようになってくると、だんだんと午睡の時間もリラックスし眠れるようになります。焦らず、根気強く愛着関係を築いていくことが大事です。

眠ってすっきり　　　　　　　　　　　　　　　（7か月）

　Tちゃんは早番の時間に登園して来るので、家庭での起床時間がとても早く、ちょうどお昼の食事の時間の前に眠くなり、泣いてしまいます。泣き始めると、抱き上げてもなかなか気分が変わらず、眠くて食事が食べられなくなってしまいます。機嫌よく食事が食べられるよう、Tちゃんの生活のリズムを担任みんなで話し合いました。食事までの時間に少し眠ることができると、きっと機嫌よく食事に向かうことができると考えました。長く寝てしまうと食事が食べられなくなってしまう、食後にも睡眠をとらないと、夕方お迎えの頃、また眠くなり機嫌よく保護者のもとに帰ることができなくなる。そこで一日の生活を見直して、午前は15分〜20分くらいで起こしてみることにしました。

　少し睡眠をとってから起こしてみると、すっきりとしたいい表情で目覚めるようになり、食事も自分から食べ物に手を伸ばして意欲的に食べてくれるようになりました。

コメント

> 　保育園の生活は、それぞれの保育時間により生活のリズムも違ってきます。長時間保育園で過ごす子どもについては、家庭での生活リズムを知ったうえで、24時間通したリズムを考えてあげることが必要です。日々のリズムにとどまらず、休日後のリズムや体調を崩した後のリズムなど、子どもの状態に合わせた生活づくりをしていくことが大切です。保育園での生活を家庭にも伝え、家庭でもリズムを一緒につくっていくことが子どもの安定した生活につながっていきます。

十分な睡眠がとれなかったＡちゃん　　　　　（11か月）

　4月に8か月で入園したＡちゃん。入園までは家庭で授乳しながら入眠していました。保育園では眠くなるとおっぱいを探すようにぐずり、抱っこで眠ってもすぐに目覚め、ウトウトするくらいの睡眠しかとれずにいました。睡眠の他にＡちゃんの様子で気になったのは、表情が硬く笑顔が少ないこと、保育者があやしてもあまり反応がないことでした。

　5月下旬、クラスもようやく落ち着き、バギーで散歩に出かけることができました。気持ちのいいお天気でＡちゃんも笑顔で遊ぶことができました。散歩から帰るといつもより食事もよく食べ、眠くなってもぐずることがなかったので、ベッドでリズムよくからだを触ってあげると10分程度で入眠し2時間近く眠ることができました。この日を境にたっぷりと眠って機嫌よく目覚める日が増えていきました。同時に、表情も柔らかくなり笑顔も増え保育者があやすと声を出して笑うようになってきました。秋頃になると、たっぷり食

事をした後は自分から布団にゴロンと横になり、保育者がそばにくるのをニコニコしながら待っているようになりました。

> **コメント**
>
> 　家庭で睡眠の前に決まって行なっていた習慣がある子もいます。保育園では同じようにできないこともあり、家庭と違う環境や条件に慣れるまで時間を要する子もいます。中には抵抗を示す子もいます。保育者との関係が深まり、触れ合うことで、これまでの習慣へのこだわりが和らぐことも多くみられます。保育者とのスキンシップが心の安定につながるよう、信頼関係をつくっていきましょう。また、あそびを通し関係も深まります。楽しく遊びながら、発達に合わせて活動を取り入れ、心も体も充実した保育内容を考えていきましょう。

安心できる環境　　（1歳10か月）

　Eちゃんは、保育園生活に慣れてきましたが、昼食後、お昼寝の部屋に行こうとすると、不安な姿を見せて泣く姿が続きました。いろいろなことに興味や関心があるEちゃんなので、日中は、担当保育士と園庭で体をたくさん動かして遊び、室内でも好きな遊びを楽しんできました。

　昼食の後は、大好きな担当保育士と一緒に着替えてお昼寝の部屋に行き、保育士の子守り歌や優しい語りかけを聞きながら寝ることを繰り返しました。この食後の流れを繰り返すことで、少しずつ自分で布団に入り、保育士に見守られながら入眠できるようになりました。

> **コメント**
>
> 　食事からお昼寝までの寂しい気持ちになる時間を、信頼している大好きな保育者と一緒に、同じ毎日を繰り返していくことで、生活の流れが分かり、安心して次に向かうことができました。
> 　また、自分の布団がいつも同じ場所に敷かれていることも、自分の場所が分かり安心につながったと感じます。子どもにとって初めてのことばかりの保育園は、不安な気持ちがいっぱいです。子どもが、「この人」「この場所」を安心と感じることができるよう、環境や生活の動線も大事にしたいと思います。

3
あそび編

大人とのやりとりを楽しむ　　　　　　　　　　　（7か月）

　機嫌よく遊んでいても、そばにいた子が泣くとそれにつられて一緒に泣いてしまうT
ちゃん。保育者が積み木を高く積んでみせると、ピタッと泣くのをやめて（おっ、おもし
ろそう……）といった表情でじっと見た後、積んだ積み木を触って崩しニヤリと茶目っ気
たっぷりな表情をします。保育者が「おっとっと倒れちゃった！」と言うと楽しくなり、
保育者が積んだ積み木をまた崩す。何回もその繰り返しを楽しんでいます。時々、（触っ
てもいい？）というように、保育者の顔を見るので「どうぞ」と言うとさらに勢いよく崩
して保育者の顔をまた見て（今度は何を言ってくれるのかな……）と期待たっぷりの目で
保育者の声を待っています。

繰り返しながら一つひとつ獲得していく　　　　　（8か月）

　保育者の歌に合わせてゆらゆらとリズムをとりながら体を左右に揺らし、嬉しそうに笑
うKちゃん。つかまり立ちをして、右手をそろそろと床に伸ばし、その手を支えにお座り
をします。しかし、このタイミングが難しいようでバランスを崩しては倒れ、泣いてしま
います。Kちゃんを抱き上げ「転んじゃったね、いたいの、いたいの、飛んでいけ〜」と
リズムよく歌うと、気持ちが変わりケタケタと笑ってくれます。まだまだお座りの時はバ
ランスを崩しますが、だんだんと転ぶことも上手になり、泣かずに自分で意欲的に立ち上
がっています。

> **コメント**
>
> 　這い這いしたり、お座りしたり、物につかまって立ち上がったり、行きたいところに
> 自分で行けるようになったりと、自分でやりたいことが日に日にできるようになり、実
> 現していくことが保育者としても嬉しく、感動します。同時に、思うようにいかない時
> には、怒ったり泣いたりしますが、何度でも繰り返し挑戦してできるようになっていき
> ます。その意欲に心の中で拍手を送りながら、危険のないように見守ることが保育者の
> 役割だと感じます。大好きな大人に励まされたり、相手をしてもらったりすることで初
> めての経験も緊張や不安が和らぎ安心して遊べるようになります。

第2章　保育の中の子ども理解

先生と遊ぶの、楽しいな！　　（8か月）

　保育者がシフォンの布を頭にかけ「いないいないばぁ」をして見せると声を上げて笑うAちゃん。今度は、Aちゃんにシフォンの布を渡すと、同じように真似して自分の頭にかけようとしていたので、さりげなく手伝いながら頭にかけてあげると、自分でシフォンの布をとって「ばあ〜」をして楽しみ始めました。「Aちゃん、いないいないばぁ〜できたね」と笑いかけると、「もう一回やって」というようにシフォンの布を保育者に差し出し、見ては笑い、自分でやってみては笑い、このやりとりを繰り返し楽しんでいました。

> **コメント**
> 　顔が隠れたかと思えば、次の瞬間に「ばあ」と顔が出てくることを楽しみます。繰り返し楽しむうちに、期待感を持って『いないいないばあ』を楽しめるようになる月齢です。一緒に遊びながら、期待に応えてあげるように繰り返し楽しんでいきましょう。

いいものみ〜つけた　　（8か月）

　食事中、眠くて眠くてたまらない様子だったMちゃん。保育者が布団に連れていき寝かせると、チェアーのキャスターが目に入ったMちゃん。眠かったはずが急に這い這いしてキャスターに向かって一直線。保育者もびっくりしてMちゃんの様子を見ていると、今度は床に顔をペタッとつけてキャスターのストッパーを触ったりいじったり、しばらくの間

122

キャスターから離れませんでした。時々、保育者を見てニッコリ笑います。「いいものみつけたね」と保育者も笑い返すと、今度はチェアーにつかまって立ち上がるMちゃん。体重でチェアーが動きださないように保育者は押さえます。こうしているうちに、また、ベッドにもキャスターがついていることに気づきました。でもこちらは触っても動かないので、「つまらないなぁ」といった様子でした。探索を堪能した頃合をみて、「Mちゃんいいもの見つけたね、そろそろネンネしましょう」と昼寝に誘うと満足した様子で布団に戻ってきました。眠くてたまらなかったはずのMちゃん。興味をもったものへ向かう行動力に感心してしまいました。

コメント

　子どもの様子を見ていると「〜がしたい」「〜に行きたい」というその子の気持ちが保育者に伝わってきます。目的に向かいながら子どもは思いもよらない不思議さや、おもしろさがあることに気づきます。手にしたとたんになめたりしゃぶったりして、その不思議さやおもしろさを確かめているようにもみえます。こうした探索活動を通し、子ども自身が体験の中から自分の世界を広げていきます。

意欲のあるAちゃん　　　　　　（1歳1か月）

　Aちゃんは、ミルク缶に穴をあけて作った「穴落とし」に興味を持ち始めました。厚紙で作った小さなカードをその穴にはめ込んで、一枚ずつ落とし入れていきます。全部落とし終えると笑顔で得意げな顔を見せてくれました。そして今度は缶を叩いたり、振ってみたりして、もう一度カードを入れるために何とかカードを取り出そうとしています。自分でカードが取り出せないと分かると、「あーあー」と声を出して（せんせい、出して）というように保育者に訴えます。保育者が缶のフタを開けて取り出しているのをそばでじっと見ていたAちゃん。何回か開けるのを見た後は、自分でフタを取ることに挑戦していました。

コメント

　目と手の協応動作がだんだん巧みになってきたり、保育者の真似をしたり、意欲的に遊べるようになっていきます。保育者は子どもの「もう一回」に繰り返し応え一緒に楽しむことが大切です。子どもの気持ちに共感して、あそびが楽しくなるようしていきましょう。

第2章 保育の中の子ども理解

真剣なまなざし　　　　　　　　　　（1歳6か月）

　園庭や公園で遊ぶことが大好きな子どもたち。お外に出ると探索が始まります。ちょこちょこと歩き回り、花壇をのぞいてみたり、鉄棒の下をくぐったり、鉄棒にぶら下がることもこの頃できるようになりました。ウレタン積み木が並べてあると、その上に登ったり、座ってみたり、友だちがやっているのを見て、真似て楽しむ姿もあります。だんご虫を見つけた時の目は真剣で、じっと見ています。「だんご虫いたね」と声をかけると「いたね」と言って、しばらく眺めていました。遊び慣れた園庭や公園ですが、日々、新しい発見がたくさんあります。

> **コメント**
> 　安心できる保育者の見守りの中で、探索活動は活発になります。探索活動を見守る際は、子どもが安心して動けるよう、安全を確保した上で探索しやすい環境を整えましょう。

も〜もや、ももや　　　　　　　　　　（1歳10か月）

　「もも、もも！」と言って、保育者の手を取り左右に体を揺らすAちゃん。「『ももや』大好きだよね」と言って、「も〜もやももや」と保育者が歌い始めると、保育者の手を握り、ニコニコして体を左右に揺らしています。その歌声を聞いて、急いで友だちを探して友だちの手を取り、お友だちと始める子、一人でも左右に体を揺らして楽しむ子、部屋の中のあちこちで「ももや」が始まります。子どもたちの大好きなふれあいあそびを、安心できる保育者やお友だちと一緒に楽しんでいます。

> **コメント**
> 　保育者と一緒に歌ったり、体を動かしたりして遊ぶことが楽しくなってきます。ふれあいあそびでは、見つめ合ったり、ふれあったりするので、子どもは愛情や安心感を得ることが出来ます。
> 　また、全身を動かすあそびも多いので、体の動かし方を身につけ、動かす楽しさも知ることができます。

124

4
散歩編

気持ちがいいね　　　　　　　　　　　（3～4か月頃）

　3か月のKちゃんは、お腹もいっぱいで「アーアーン、ブー」としきりに声を出していましたが、しだいに一人あそびが飽きてきた様子。少し気分を変えてあげたいと思い、「一緒にお散歩に行きましょう」と声をかけ、抱っこで散歩に出かけました。ゆっくり歩いていくと、体も心も委ねるように保育者の胸元にほほを寄せ、時折目を細めて気持ちよさそうにしています。「お外は気持ちいいね」とゆっくり話しかけました。歩くリズムで程よく揺れ、心地よくなってきたのかいつの間にか眠っていました。ふれあいながら心地よさを感じた様子、抱っこの温もりで保育者にも伝わってきました。

まわりへの関心が芽生える　　　　　　　（4～8か月頃）

　いつもの散歩コースに抱っこで出かけました。Hちゃんは手足をバタバタさせ、「アーアー」と気持ちよさそうに盛んに声を出しました。左右をきょろきょろとめずらしそうに見まわし、嬉しそうな表情を見せてくれました。花や木のそばで足を止め、犬や猫を見つけて、「ワンワンいたね」とそばに行ってみると、しばらくじーっと見ていました。
　次の日の散歩では、ふいに葉っぱに手を伸ばし、葉っぱが手に触れると、自分でも何かしらというように驚いた表情で保育者を見ました。「だいじょうぶだよ、はっぱだね」と微笑み返すと安心したように笑います。まわりへの関心が高まり、身を乗り出すようにしたり、触れたりしながら、色々なものを感じとり始めています。子どもの気持ちを感じとり、気持ちに寄り添いながら、散歩が楽しいひとときになるようにしたいと思いました。

今日もワンワンいるかな　　　　　　　　（8～9か月頃）

　ぽかぽかと暖かい日、「今日はお散歩に行こうね。お外はいい気持ち、ワンワンいるかな」と話をしながら、さっそくおむつを替えたり、上着を着せたりして用意を始めまし

第2章　保育の中の子ども理解

た。すると子どももよく分かっていて、入口に向かい嬉しそうに保育者を待っています。玄関先まで行くと、早くと催促するように、手足を動かし声を上げ、目を輝かせて待っていました。

出会った犬や猫に子どもたちの目が釘づけになり、（見つけたよ）と保育者に全身で知らせてきます。保育園に戻った後、絵本や写真の中に散歩で出会った犬や猫を見つけると「アッアッ」（これ見たことがあるよ、覚えているよ）と知らせてきます。

いつも通る踏切では、カンカンと鳴る音を聞いているうちに、カンカン＝電車がくる＝バイバイという関連が分かり、身を乗り出して期待し、期待通り出会えると満足して保育園に戻ります。

1歳を過ぎ、歩くようになると

乳母車に乗るとつかまり立ちして、（早く、早く）と催促します。陽当たりのよい近くの公園に着き、くつを履いて降りました。風に揺れている葉っぱを見上げたり、砂に触ってみたり、その感触に驚いて手をじっと見つめ、慣れてくると手ざわりを確かめていました。石ころや落ち葉に触れてみては保育者を振り返り見て、やがてトコトコと歩いて探索を始めています。歩きながら、今度は「いないいないばぁ」とかくれんぼをしたり、おもしろそうなところを見つけて入り込んでみたり、子どもの（見たい、行きたい、やってみたい）の気持ちに合わせ、一人ひとりのペースでゆっくりと歩くことを心がけています。

> コメント
>
> 　心地よかった、楽しかった経験から"散歩"を楽しみにするようになります。出かけるまでの支度は、バタバタと慌ただしくならないように、（さあ、お散歩）と期待している子どもの気持ちをしっかり受けとめ、楽しみながら準備していきましょう。散歩は事前に計画、準備をして子どもを必要以上に待たせないことも大切です。
> 　戸外は解放感と自然の魅力でいっぱい。子どもの発見や喜びを一緒に感じながら、一人ひとりの探索意欲を満たしていくには、保育者同士のかかわり方、保育内容の共通理解が必要です。子どもの姿を理解して、発達に合わせた安全な散歩コースを選び、子どもと一緒に散歩を楽しみましょう。

歩けるよ　走れるよ　　（1歳11か月）

　サークル車（散歩カー）に乗って土手に出かけました。見つけたものを「ワンワン」「はっぱ」と言葉と指差しで知らせてくれる子ども達。視線の先を確かめ、「ワンワンいたね」「はっぱ、あったね」と応えると、周りの子ども達も一緒に発見を楽しんでいます。土手に到着してサークル車から降りた途端、草の上をトコトコと走り出す子どもたち。保育者を目指して走ってくる子をギュッと抱きしめたり、子どもたちの歩調に合わせながら「まてまて」と追いかけたり。どの子も笑顔いっぱいで何度も繰り返し楽しんでいます。バランスをとることが上手になり、転ばずに遠くまで行けるようになったうれしさが、表情や動きから伝わってきました。

> **コメント**
> 　子どもたちと一緒に周りの様々な物に目を向けながら、ゆったりとしたペースで散歩を楽しみましょう。一人ひとりの発見に保育者が共感することから、周りの子どもたちとも共感しあう楽しさ、心地よさが広がります。
> 　散歩先は、のびのびと身体を動かしながら保育者との触れ合いを楽しんだり、探索意欲を満たしたりできるような場所を選びましょう。子どもの行動範囲の広がりに応じた状況判断や、保育者同士の連携も重要です。子ども一人ひとりの発達を共通理解しながら散歩先を考えていきましょう。

5
人とのかかわり編

おとなしい子どもに目を向ける　　　（2〜4か月）

　2か月過ぎて入園したHちゃんは、おとなしくて泣き声も弱く、声をかけたり、体に触れたり、抱っこをしてあやしてもあまり反応がありませんでした。他の子が泣くと保育者はどうしても泣いている子を先に抱っこしてしまい、Hちゃんの表情が気になっていても、かかわるのは後になってしまう。クラス担任の中でそのことが悩みでもありました。そこで、Hちゃんには保育者側からの働きかけを多く持てるように担任同士で連携をとり、保育者が笑顔で声をかけ、あやし、体に触れたり、玩具を見せたり"かかわりのある生活"を心がけました。4か月になったHちゃんは、保育者とのかかわりをとても喜ぶようになりました。保育者をじーっと見つめ、ニッコリと微笑み、あやされるとよく笑い、手足を動かして、反応がしっかりしてきました。その後、自分から甘えた声を出し、泣いて自分から、"私と遊んで"と要求を出してくるようになりました。保育者自身も関係が深まっていることを実感できました。

コメント
　2・3か月頃、大人が声をかけたりあやしたりして、しっかり子どもとかかわることがとても大切です。大人とのあそびの楽しさを経験している子どもは、その経験を通して、声を発すれば大人が来てくれる、一緒に遊んでくれる、自分の行為に応えてもらえるということを感じとっていきます。このことが、その後の人間関係の発達や、声を出して自分の要求や気持ちを伝えるという言語発達の基礎になっていきます。保育者のかかわり方や援助の仕方で子どもの姿が変わってくることがあり、保育者の役割の大きさを実感します。

ゆっくりじっくりのAちゃん　　　（2〜8か月）

　Aちゃんは2か月で入園以来、保育者に抱っこされて過ごすことが多く、音や雰囲気に敏感で、母親もAちゃんへのかかわり方に迷い、育児全般にわたって不安な様子でした。

5　人とのかかわり編

　そこで、抱っこを十分にして保育者とのふれあいを大事にして、Ａちゃんも、母親も安
心できるようにかかわり、保育園の様子を母親にたくさん話していくようにしました。3
か月になると抱かれながらもまわりに目を向け、玩具を握って遊ぶ姿も見られるように
なってきました。4か月頃には、膝の上に乗せたり、抱き上げて顔を合わせたりすると、
気持ちよさそうな様子を見せてくれました。うつ伏せの姿勢で保育者と向かい合って遊ぶ
ことも嫌がらなくなり、抱っこの他にも心地いい時間が増えてきました。母親もＡちゃん
が遊ぶ様子が嬉しくて、笑顔が増えてきました。ずり這いなど移動ができるようになって
からのＡちゃんは、泣くことも少なくなってきました。おきあがりこぼしを手で揺らし、
その動く様子をじっと見つめたり、自分で見つけたものを、確かめているかのようなまな
ざしで振ったり叩いたり引っ張ったりして、あそびへの楽しみも増してきました。8か月
になったＡちゃんは他の子のあそびに興味がいっぱいですが、真似して遊ぶのにも慎重で
す。ちょっと試してはやめてみたり、ゆっくりやってみたり、そうしながら自分で大丈夫
と思えると、次からは一番に向かっています。

> コメント
>
> 　Ａちゃんの個性をありのまま見つめて、ゆったり接していくこと、慎重で時間がか
> かっても、その姿を認めていくことでＡちゃんは確実に一つひとつ、自分から経験して
> いく楽しさを味わっていっています。保育者とじっくりかかわっている間に、見たり感
> じたりしたことを、Ａちゃんはため込んできていたのだと感じます。一人ひとり違う子
> どもの性格を見極め、その子の心の動きを感じとることが大切だと感じます。蓄えてき
> た力を自分から発揮できるまで、一人ひとりの育つ力を信じて、保育者はゆっくり待つ
> ことも大切です。

いつまでも激しく泣き続けるＳちゃん　　（5か月）

　Ｓちゃんは、いったん泣き始めると抱き上げてあやしても容易には泣き止まず、あれこ
れと考えられる原因を探ってもよく分かりません。長引いてくると、ますます体をのけ反
らせるようにして泣き続けました。体の具合でも悪いのかと心配になったり困惑したりし
ました。このような状態が数か月続き、抱っこで過ごす日々が多く、担当保育者もどうし
ていいか分からないことがしばしばありました。

> コメント
>
> 　子どもは自分の要求を"泣く"行為で表現します。ものごとの感じ方は一人ひとり
> 様々です。泣き方を変化させて自分の要求を訴えてきます。その子の持っている気質、
> 例えば敏感な子、頑固な子、あっさりした子などを理解して、早く"快"の状態にして

あげることが大切です。Sちゃんのようにいつまでも泣き続ける子どもの相手をしていると、どうしてよいか分からなくなります。しかし大切なことは、この子は"よく泣く子"とレッテルを貼らないこと、そして、何とか泣き止ませようと焦らないことです。"何が嫌なのか教えてね"という気持ちで接してみましょう。かかわる保育者の気持ちが伝わります。決めつけた大人の思いが、子どもの長泣きの原因になったり、また、イライラをつのらせてしまう結果になったりします。騒々しいのが嫌、体が思うように動かないのでイライラする、などということもあります。人や場所に馴染みにくい気質の子どもには、親も保育者も対応に困ることがよくあります。このような子どもにはとくに、同じ保育者が安心できる基地になり、不安を取り除くようにしてみてはどうでしょう。

いないいないばぁ　　　　　　　　　　　　　　　（7か月）

大人とのふれあいあそびが大好きなSちゃん。繰り返しやってもらうことを嬉しそうに待って、「やるよ〜」と言うとわくわくした表情にもなっています。「いないいないばぁ」がお気に入りで、顔が見えるとキャッキャと声を出して笑います。また、鏡を見てもじっと見つめ、大人が「ばあっ」とするとまた同じように笑います。しばらく繰り返した後、後ろを振り返り、保育者の存在に気がついたようでした。

コメント

　経験を通し次に出てくることが分かり、予測ができるようになります。思った通りに出てくることがおもしろく、その次にはまた同じことが起こることを期待します。鏡に映る自分と一緒に映る保育者のことも、実物と照らし合わせて「先生だ」と確認しているようにも見えます。予測できるようになると、いなくなることへの不安感も持つようになり、後追いも出てくる頃でもあります。あそびを繰り返すなかで、より一層人とのかかわりが楽しくなっていく時期、保育者が立ってその場を離れる時は「すぐに戻ってくるから待っていてね」「○○を持ってくるからね」と声をかけ、急にいなくなるような不安感を持たせないように気をつけましょう。

お友だちのおもちゃが楽しそう〜　　　　　　　　（6か月）

ずり這いでの移動が盛んになったNちゃん。興味のあるものへずり這いをしていき、手に取っては次々と違うものを見つけています。Mちゃんの持っている玩具も目に入るとすぐに引っ張って取ろうとします。同じ玩具を用意し「同じおもちゃあるよ」と差し出して

もすぐに投げてMちゃんが使っているものを引っ張ります。「これが欲しいのね」と話しかけ、Mちゃんが他のもので遊び出した時に渡すと嬉しそうに振って遊んでいました。今まで目の前にあるものを手にして遊んでいたNちゃんが、まわりのお友だちに目を向け、興味が出始めたことに子どもの成長を感じました。

> **コメント**
> 　　保育者は常に子どもの気持ちを汲みながら声をかけたり、対応したりすることが大切です。またなぜそうしたいのか考えていくことで、子どもの成長に気づき、子どもの気持ちに寄り添うことができます。今までに見られない行動から、体と心の成長に気づき、子どもの気持ちを代弁してことばにしてあげることが大事です。保育者は、子どもの発達の見通しをたてて、玩具の用意やあそびの提供をしていくことが必要です。

人見知りが始まる　　（8か月）

部屋の隅々までずり這いで移動できるようになり、のびのび探索活動を楽しみ始めたMちゃん。這っていった先に、食事の配膳に入室してきた栄養士さんとバッタリ出会い目が合うと、表情を硬くして泣いて保育者のもとに戻ってきました。これまでは自分からその場所には行ったことがなかったのですが、探索活動が盛んになり行動範囲が広がると、他のクラスの保育者や関係者と出会うことが多くなり、かかわりが広がると同時に人見知りの姿が見られるようになりました。

第2章　保育の中の子ども理解

> コメント
>
> 　生後6か月での入園で、人見知りもなく毎日にこやかに登園していました。ある日突然、担任以外の大人（栄養士さんなど）を見ると保育者にしがみついて泣くようになりました。なじみのある親しい大人には安心の笑顔を見せ、普段なじみのない大人には、表情を硬くしたり、泣いたりなど不安な様子を見せるようになったのは、また一つ成長した証です。自分の周囲の環境や人が分かるようになると、信頼できる人も分かるようになります。信頼関係をより深め、まわりの環境も人も自分にとって安心できるものと分かるまで、担当保育者がしっかり気持ちを受けとめていくことが大切です。早く人との関係を広げようと急ぐと子どもの不安感はより強いものになるので気をつけましょう。

抑揚をつけておしゃべりするSちゃん　（1歳1か月）

　はっきりはしないが、ことばらしく抑揚をつけてモニョモニョ言うことが多くなったSちゃん。電話の玩具で受話器を頭に当てて「うんうん」「んー」「ふーん」「ごにょごにょ……」といかにも相手と話しているようにおしゃべりしています。指差しが盛んになり、あれ知っているよ、とでもいうように指差しをするので、それを受けて保育者は「〜なのね」と相づちをうつと、「うんうん」と頷くように頭を前後にふり満足そうな顔をしています。また、「あれな〜に」というように指差しするので「〜だよ」と答えるとそれらしく「ごにょごにょ……」と抑揚をつけて返事をしてくれます。

> コメント
>
> 　まわりの状況も少しずつ理解できるようになり、ことばと物が一致してくる時期で、指差し行動も盛んになってきます。ことばにならない思いを受けとめ、ことばで応答するうちにその意味とことばがつながってきます。子どもと同じ目線でゆったりとした雰囲気の中で子どもとのやりとりを楽しんでいきましょう。保育者は子どもの気持ちを察し、子どもからの発信を待つことも大切です。保育者が常に話し続けるなどの行為で子どもの発信を妨げないよう気をつけましょう。

5 人とのかかわり編

じゅんばんこね　　　　　　　　（1歳5か月）

　わらべうたあそびを楽しむようになってきたMちゃんとSちゃん。ある日、保育者とMちゃんの歌声につられてSちゃんがやってきました。「はぁ～どっこいしょ」と1曲終わると、Mちゃんが「あっ」とSちゃんを指差します。保育者が「次はSちゃんがやっていいの？」と聞くとうなずくMちゃん。保育士がSちゃんに「おいで」と声をかけると笑顔でやってきたSちゃん。Sちゃんが保育士とわらべうたをしている間、Mちゃんは横で一緒に体を動かしています。歌い終わると今度はSちゃんが「あっ」とMちゃんを指差しました。『つぎはMちゃんだよ』と言っているかのようです。その後しばらく2人で交互にわらべうたあそびをして楽しんでいました。

> **コメント**
>
> 　これまで保育者が「Mちゃんが終わったらSちゃんね」「Sちゃんの次にMちゃんね」と声をかけながらわらべうたあそびを繰り返し楽しんでいました。信頼できる保育者との関わりの中で、自分の思いに応えてもらえるという経験を積み重ねることで、この年齢なりに順番に楽しむという姿がみられたと思います。
>
> 　また、この時期は周りの子への関心が増す時期です。個々のあそびを大切にしながら「○○ちゃんも一緒だね」など、周りの友だちに興味をもつような言葉がけを心がけて、同じあそびを楽しむ子どもの姿を大切に見守っていきましょう。

まねっこ　　　　　　　　　　　（1歳11か月）

　Aちゃんがままごとコーナーでスカートを身につけていると、Bちゃん、Cちゃんが次つぎにやってきて、同じようにスカートをはきはじめました。保育者が「みんな、おんなじだね」と声をかけると、ニコッとうれしそうです。その後、Aちゃんがバッグを手にして「ってまーす」（いってきまーす）と出かけると、Bちゃん、Cちゃんもまた同じようにバッグを持ち、Aちゃんの後についてお出かけごっこを楽しんでいました。

> **コメント**
>
> 　友だちがおもしろそうなあそびをしていると興味をもち、真似て同じことをしてみようとする姿が見られるようになります。同じ玩具を数多く用意して真似して遊ぶことができるようにしましょう。
>
> 　また、まだまだイメージを共有することは難しいですが、保育士がそれぞれのイメージを言葉にして、友だちといることが楽しいと感じられるよう仲立ちしていくことが大事です。

6
保護者支援編

保護者の心配を受けとめながら　　　（4か月）

　Tちゃんは産休明けで入園しました。母親は「家ではよく泣いて、眠ったかなとベッドに下ろすとすぐ目覚めてしまいます。ミルクの飲みも悪くってどうしたらよいのか悩んでいます」と、母親自身が睡眠不足になり育児全体に不安があることを話してくれました。「あまり心配しないように、保育園で様子を見ていくので大丈夫ですよ。一緒に考えていきましょう」とまずは母親が安心するように話していきました。Tちゃんは発育も順調で、母親も担任の話でわが子が順調に発育していることを聞くとホッとした様子でした。困ったことがあると自分からどうしたらよいか聞いてくるようになりました。4か月になった時「今でもミルクを何回も吐くんです」と心配そうに聞いてきました。保育園の送迎でクラスの保護者とも話をするようになると、他の子どもと比べてうちの子はどうだろうと気になる様子でした。確かに園でも、"溢乳"は多い方でしたが、機嫌もよく体重も順調に増えていて、心配するような様子ではないこと、そして『ミルクを飲むときの口腔内の様子、吐きやすい子どもの授乳時の抱き方、飲んだ後の姿勢』など具体的に園で行なっていることを伝え、子どもの育ちはみんなが同じではないことも伝え、その子に合ったかかわり方を一緒に考えていけるようにしました。

コメント

　　初めて子どもを保育園に預ける保護者は、これまでの生活が一変し不安な気持ちでいっぱいです。産休明けすぐに職場復帰した母親は、産後の体調や精神面でも不安定な場合もあります。保育園の生活を保護者が丁寧に伝え、母親と一緒にいない時間に子どもがどのように過ごしているか詳しく話していきましょう。保育参観や保育参加など、園での生活を知ってもらうのも安心するよい機会になると思います。保育園の職員の専門性を活かし、保育・栄養・看護など子どもの状況とかかわり方、方法や情報などを提供しながら具体的に伝えていきましょう。そして保護者の気持ちに寄り添い、一緒に育てていく気持ちで伝えていけるように心がけていきましょう。

6 保護者支援編

保護者の状況や立場を理解する　　（10か月）

　第3子のUちゃんは、10か月を過ぎ、保育園では生活も安定し、生活リズムも整ってきています。しかし、休み明けは疲れが目立ち、不機嫌で過ごすことが多くなり家庭ではミルクだけで、食事ができない日もよくありました。3人の子どもの世話で休みの日も大変だろうと家庭生活を察しながらも、Uちゃんの様子や発達を考えると、もう少しゆったりと一緒に遊んだり、生活のリズムに気をつけたりするなど、家庭で気をつけることはできないだろうかと思ってしまいます。ある日、それとなく家庭の様子を聞いてみることにしました。Uちゃんは家で後追いが激しく片時も離れず、母親は、わが子を背負って夕食作りをするとのこと、3人の子どもにご飯を食べさせながら家事、入浴と慌ただしく毎日を過ごし、母親も一緒に眠ってしまうこともしばしばとのことでした。また、父親の帰りが遅く、母親一人でやり繰りしていることが分かりました。家庭での様子を知らず家庭にかかわりを求めてしまいましたが、あらためて育児の大変さを実感しました。

コメント

　育児、家事、仕事をこなしていくことは、本当に大変なことです。保育者はつい理想を求め、生活やかかわりを理想通りに保護者に求めてしまいがちです。一人ひとりの家庭の状況を知り、理解しながら保護者の気持ちに寄り添うことが大切です。今、園でできることをまず行なっていき、家庭の状況が落ち着いてきたときには、かかわり方や方法、育児のちょっとしたコツや情報をできる範囲で伝えていくことも大切です。育児の中心は家庭であり、保育園は子育ての支援者であるという立場をよく理解しましょう。その上で、保護者自身が子育ての仕方や生活スタイルを選択しながらよりよい親子関係が築けるように、支援していきましょう。

第2章　保育の中の子ども理解

日々信頼関係を築いていく　　（11か月）

　人見知りの強い11か月のMちゃん。入園して1か月経ちましたが1日のほとんどを泣いて過ごして、午睡は20〜30分ほどしか眠ることができず食事もあまり食べませんでした。そんな様子のMちゃんをみて母親は「うちの子だけですよね、ご迷惑をおかけしてすみません」とせつない表情を見せ、毎日のように保育者に「すみません」と声をかけて預けていきました。「Mちゃんは、新しい生活の様子や状況がよく分かり泣いています。この姿は順調な発達の姿です。悪いことなんて1つもないですよ」という話をした上で、泣かずに過ごすことのできた時間のMちゃんの様子を毎日丁寧に母親に話していきました。なるべく具体的にMちゃんが興味を持ったこと、あそび、玩具、よく食べたメニューなど……。Mちゃんの園での様子を知り、エピソードを聞くと母親の不安も消えていき、朝泣いているMちゃんと離れる時に「大丈夫！　先生がいるよ！　たくさん遊んで楽しんでね！」と笑顔で仕事に出かけていくようになりました。不思議なもので、母親がそう声をかけて元気に職場に向かうようになると、泣いていた日々が嘘のようにMちゃんは園でよく笑いよく遊びよく食べるようになりました。

コメント

　子どもたちが安心して登園するためには、まず保護者の方が「大丈夫！」と安心して預けられる場所であることが大切です。保護者の不安な気持ちは子どもにも伝わります。そのためにも、日々口頭や連絡ノートを活用し子どもの様子を丁寧に話すなど、まずは保護者との信頼関係を築いていくことが大切です。保護者はわが子しか育児経験がありませんから、うまくいかないときは、これでいいのだろうかと悩みます。発達の専門知識を持った保育者が先を見通した育児のアドバイスをすることが保護者の心の支えになることもあります。子どもの発達段階を分かりやすく保護者に伝える力、知識を身につけることも保育者は求められています。

一つひとつ丁寧に……　　（12か月）

　ある日の朝、検温して登園準備をしていたSちゃんの母親が「先生……体温計ってどうやって計るのですか？」と担任に尋ねてきました。どうやら、体温計が鳴るまでの間にSちゃんが飽きて動いてしまって大変な様子。「そうですよね、動いてしまうと検温は難しいですよね」と、母親の気持ちに共感してから、「興味を検温以外のことに向けるといいですよ。例えば、座りながら絵本を読むとか」と話し、その場で実践して見せました。す

ると「すごい！　そうやって計ればいいのですね。思いもつきませんでした。もっと早くお聞きすればよかった！」と大変驚いていました。

> **コメント**
> 　私たちが保育の中で当たり前にしていることでも、保護者は初めてすることや知らないことがたくさんあります。「このくらいは知っているだろうな」と保護者の不安や疑問を見逃していることはありませんか？　見方や感じ方、価値観も様々です。保育者が小さなことと感じることも人によって捉え方は違います。そのことを意識して丁寧に対応することが保護者理解、保護者支援につながっていきます。

保護者と子どもの関りを支え、子育てを楽しめるように　（1歳7か月）

　1歳5か月になったAちゃん。慎重につかまり立ちをしてはすぐに座り込む、という姿でした。

　母親は30代後半で出産したAちゃんを、とても大切に育てています。入園当初の連絡帳には食事や健康面のことが、「お手数ですが〇〇のようにしてください」と、とても几帳面で丁寧な文章で記入されていました。保護者の気持ちを受け止めながら、家庭でのAちゃんの様子を丁寧に聞き、保育園でできること、できないことはお伝えして、子育てを一緒に考えていきました。

園生活にもすっかり慣れ、はいはいで興味のあるところに向かって歩き、自由に遊具を選んで遊ぶようになりました。園庭では砂の感触を楽しんだり、アリを発見したら保育者にキラキラしたまなざしを送ってきたり、保育者に手を伸ばして抱っこを求めたり、いろいろな表情を見せてくれるようになりました。保育園の様子を口頭や連絡帳でていねいに伝えました。すると保護者の連絡帳にも家庭での遊びの様子が増えてきました。

　1歳7か月を過ぎ、一人立ちするようになり、はじめの1歩が出ました。「今日は3歩歩きました」「今日は6歩歩きました。危なっかしくて目が離せません！」と母親のうれしい気持ちが連絡帳から伝わってきました。保育園での様子には、「そんなこともするのですね。感動です。今度家でもやってみます」と、最近は、とてもうれしそうにAちゃんと向かい合う母親の姿が見られます。

> **コメント**
> 　我が子の成長は大きな喜びであり不安や悩みでもあります。その不安や悩みを一つひとつ聞いてくる方、要求や意見という形で表す方等様々です。
> 　保護者が話す言葉の裏にある本当に心配なことや望んでいることを推し量って、それぞれの保護者の状況に合わせた援助を意識することが大切です。
> 　出産年齢が上がり、仕事のキャリアを積んでから親になる方が増えてきました。子育ての情報はあふれているものの、自分の想定外のことや思い通りにならないことが起こるのが子育てです。弱音を出して誰かに相談することに、ハードルの高さを感じる保護者もいます。
> 　保育園の子育て支援は保育を通して行われます。保育園での様子や保育士の関わり、成長の様子を日々ていねいに伝え、共に喜び合い、保護者を尊重することで、保護者が子育てを楽しい、と感じられるようになるとよいと思います。

第 ③ 章

0歳児クラス のあそび

手づくり玩具と
ふれあいあそび

手づくり玩具

　玩具は子どもの感性や経験を豊かに育み、発達にそった玩具は子どもの育ちを支援します。保育園では子どもの発達に合わせ、実際の子どもの姿を見ながら玩具を提供しています。

　各保育園では、これまでも保育者が自分のクラスの子どもに合わせた、手づくりの玩具や遊具を提供してきました。0歳児の保育では、安全な玩具の提供は重要です。

　子どもの発達に合った玩具を提供するために、実際に保育園が使用している玩具や遊具を紹介します。各保育園の子どもや環境に合わせ、玩具づくりの参考にしてください。

乳児6か月〜1歳未満児

なめたり触ったり試したり
・玩具は気に入ったものが使えるように、子どもの手の届くところに置き、いつでも出したり入れたりが楽しめるようにする。 ・つまむ、握る、はがす、押す、フタの開け閉めなどの指先を使ったあそびができるよう、安全に気をつけて十分に楽しめるようにする。 ・自分の身の回りの変化や目新しいものに気づき、じっと見たり積極的に触れたりする姿を大切にしていく。 ・転がるもの、色彩豊かなもの、触ると動くものなどを子どもの少し前に置いて動かし、子どもが興味や関心をもつように働きかけていく。

- ハンカチをつまんで出して
- 触る・引っ張る 玉や紐をホースに通す
- ファスナーを閉めたりマジックテープをつけたり外したり

【玩具選びのポイント】
・なめても色落ちしないもの。
・子どもが遊んだり保育者がやって見せたり、動きや音などの変化があるものを選ぶ。

乳児6か月～1歳未満児

はいはいをたくさんしよう

・姿勢を変えたり移動したり、様々な身体活動を十分に行なう。
・はいはいがたくさんできる環境づくりをする。段差や斜面を利用し、体のいろいろな部位を使って遊べるようにしていく。
・はう、つかまり立ち、つたい歩き、歩くなど運動発達の順序性を大切にしていく。
・玩具や保育者の声かけで興味を広げ、自分で動きたい欲求を満たせるようにする。
・一人ひとりの運動発達をよく見極めて安全に留意し、自由で自然なその子の動きができるようにする。

タイヤを布でくるくる巻き

キャンディクッションマットをのせてお山に

ダンボールや飲料水パックでお家やトンネルや階段を

箱の中はひとりコーナーやボールプールにも

【玩具選びのポイント】
・はいはいをうながすことで、背筋や腹筋、手足の筋肉や平衡感覚を育む。
・子どもが転倒することを考え、クッション性のあるものを選ぶ。
・座る、はう、立つ、つたい歩き、一人歩きに至るまで、その過程での動きを十分に経験できるようにする。
・子どもの好奇心を引き出し、自然に運動に誘えるようにする。

第3章 0歳児クラスのあそび

乳児6か月～1歳未満児

まねっこ
・生活の中の子どもの行動に優しくことばを添え、「かして」「どうぞ」など、保育者とのやり取りをたくさんしていく。 ・他の子どもに関心を示し、表情を模倣したりはって追ったりする姿には、保育者が声をかけて仲立ちし、子ども同士の関わり合いの育ちへとつなげていく。

気持ちを人形に反映させやすいように、表情がない人形を紹介しています

【玩具選びのポイント】
・子どもが手に持って動かしやすい大きさを選ぶ。
・人形は柔らかい素材のもの、子どもが抱きやすい大きさのもの、洗えるものを選ぶ。

1歳〜2歳未満児

なんだろう、やってみたいな

・探索活動は、行きたいところへ行き、やりたいことができるように、危険のないよう見守っていく。
・子どもの興味や関心に合わせて、全身を使ういろいろなあそびを保育者と一緒に楽しむ。
・戸外で遊ぶ機会を多くして、起伏のある場所や斜面、階段の昇り降り、追いかけっこなどのあそびに誘う。

またいで乗って、つなげて電車ごっこ

立っても這っても楽しめる
山にしたり平らにしたり形を変えて楽しめる

子どもが押した時、箱がひっくり返らないように、重めにつくる

【玩具選びのポイント】
・安全面を配慮し、バランスを崩しても繰り返し楽しめるものを設定する。
・はいはいでも立っても楽しめるものを選ぶ。
・玩具を引き歩くことで、空間の認識やバランス感覚を育んでいく。
・転んでも自分で起きて楽しめる程度の高さのものを用意する。
・土踏まずの形成を意識して足の裏で様々な感触を感じられるようにする。
・少し重めの押し箱を用意して、床を蹴って進めるようにする。

第3章　0歳児クラスのあそび

1歳～2歳未満児

ごっこあそびとお人形

- 玩具などを独り占めしたくなる時期なので十分な数で満足できる環境を整える。
- 子どもの発達やあそぶ様子に合わせて、内容・数・素材を検討する。
- お茶碗・コップなど年齢に合った大きさや、素材について各保育園で検討することが重要。
- 人形は「悲しい」「嬉しい」など自分の気持ちを反映させやすい人形を選ぶ。
- 人形の置き方は、ベッドなどに寝かせておくだけでなく、イスに座らせるなどあそびを始めやすい設定や、工夫をする。
- 人形の大きさは、乳児・幼児の身体に合った大きさ、また清潔を保てる素材のものを選び、年齢によって扱いやすい大きさ、重さ、素材などの検討をする。

幼児期にいろいろな人形と出会えるように用意する

お人形は椅子に座るなど、子どもが遊びだしやすい設定に

【玩具選びのポイント】
- たくさん使いたいという気持ちを満たせるように数や種類を揃える。
- 大きさや色などもこだわりが出てくるので、同じ種類を人数分以上に用意する。
- 友だちと同じ、一緒という気持ちを満たせるようにする。
- 見立て、物を媒介としたコミュニケーションがことばを習得していくことと重要な関わりがある。生活再現あそびがしやすいものを用意する。

ふれあいあそび

子どもをあやす時のあやし言葉には、大人の子どもへの愛情が豊かに込められています。そして人間にとって大切な言葉の学習も、赤ちゃんたちはこのあやし言葉に溢れるこころよさやリズム・音から学びます。そして何よりも大人の愛情までも吸収しているのです。

大人が布を両手で持ち、上下に振りながら歌う

♪ちょちちょち あわわ	♪かいぐり かいぐり	♪とっとのめ	♪おつむてんてん	ひじぽんぽん
2回手をたたく　口に手をあてる	上下にくるくるまわす	手のひらをつつく	頭に手をあてる	ひじをたたく

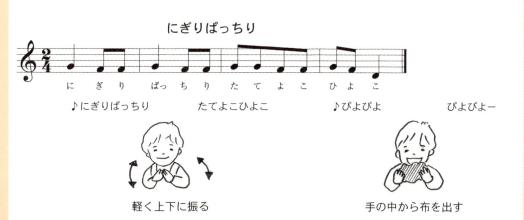

♪にぎりぱっちり　たてよこひよこ　　♪ぴよぴよ　　ぴよぴよー

軽く上下に振る　　　　　　　　手の中から布を出す

第3章　0歳児クラスのあそび

♪うまはとしとし〜のりてさんもつよい　ドシーン

足をのせて手をつなぎゆする　　　　足の間を開く

大根づけ

だいこんいっぽん　ぬいてきて　ゴシゴシゴシゴシ　もみあらい
　　　　　　　　　　　　　パッパッパッパッ　しおをかけ
　　　　　　　　　　　　　ギュッギュッギュッギュッ　すりこんで

おもしをのせて　できあがりー

♪大根一本〜　子どもの足を前後にゆらす
♪ゴシゴシゴシゴシ〜　子どもの胸あたりをもむ
♪パッパッパッパッ〜　塩を振るように手を開いたり閉じたりする
♪ギュッギュッギュッギュッ〜　子どもの胸をこする
♪おもしをのせて〜　子どもをぐるりと回転させる

にらめっこ

だるまさん　だるまさん　にらめっこ　しましょー
わらうと　まけよ　あっ　ぷっ　ぷ

イラスト・新井　三智子

『子どもに人気のふれあいあそび』（NPO法人東京都公立保育園研究会編、ひとなる書房刊）より

第 ④ 章

0歳児保育の実態調査

第 4 章　0 歳児保育の実態調査

1 アンケート配布から集計にたどり着くまで

　平成 9 年に「0 歳児の保育の実際」発行後、平成16年の改訂版では東京都公立保育園の
0 歳児の発達についてのアンケート調査を行い、集計結果を掲載しました。今回、アン
ケート内容を検討していく中で以下のような意見が出されました。

・発達曲線の若干の変化はあっても子ども本来の成長に大きな違いはない。それよりも
　同じ都内の公立保育園でも人的・物的環境の違いがあり、それによって私たち保育者
　の配慮や大切にしたいこと、保育の方法が何通りもあるのではないか。
・そもそも、この冊子は専門性向上のための指南書、保育を変えたいと思った時の参考
　書的な 1 冊になればよいのではないか。
・東京都公立保育園の 0 歳児園にアンケートを配布できる貴重な機会、次々と民営化さ
　れていく今だからこそ公立保育園の大切にしてきたことを残したい。
・アンケート調査を集約してからの考察や分析はあえて行わず、ありのままの公立保育
　園の 0 歳児保育の現状を掲載していくことに意義があるのではないか。

　講師の堀科先生のご指導のもと、東京都公立保育園（0 歳児保育を実施していない江戸川
区を除いた22区）の実態調査を行いました。

1. 内容

アンケート内容は大まかに物的環境と人的環境を調査していくことにしました。
内容を絞り込む視点として
・成長の過程で保育環境が大きく変わる 0 歳児保育なので細かな内容などは問わずに、
　答えやすい質問内容にしていく。
・量的質問は選択式で、質的質問は記述式で回答を求めていく。
・それぞれの保育を認め、答えやすい質問の仕方を工夫していく。
・アンケート配布時期を考慮し、調査対象者と対象期間を提示する。

　　　　　　　　　　　以上、4 つの視点で 9 項目のアンケート内容を決定しました。

2. 配布

　現在、22区内の公立保育園で約400園が、０歳児保育を実施しています。区によって保育園数に大きな差があるので多数区の保育が色濃く出てしまうのではないかと懸念する声も出ました。しかし、それも都内の０歳児保育のありのままとして残すことにつながると考え、抽出法ではなく対象のほぼ全園に配布としました。

　（平成28年７月上旬373園に配布、７月末回収）

3. 回収及び集計

　アンケートの回答園は373園配布中、358園に上り回収率は約96％になりました。この回収率の高さから、保育者の０歳児保育に対する熱い思いを感じられるアンケート結果となりました。

　各区の施設の状況はアンケート結果の示す通り様々です。限られた現状の中で大事にしたいことや配慮をもとに、工夫をしながら保育を進めていることは、たくさんの文章での回答からうかがうことができます。

　「０歳児保育は公立保育園の保育の原点、ねっことして大切に培われてきた」と研究会70周年を迎え、再確認できる内容のものでした。

　次ページよりアンケートの集計結果を掲載させていただきます。

＊アンケート集計結果は項目ごとに記述式回答も挟み込んでの掲載としていく。

第4章 0歳児保育の実態調査

2 アンケート回収園数

区	園数
江戸川区	0
葛飾区	29
足立区	11
練馬区	31
板橋区	29
荒川区	6
北区	21
豊島区	17
杉並区	23
中野区	14
渋谷区	13
世田谷区	15
大田区	22
目黒区	19
品川区	9
江東区	15
墨田区	13
台東区	7
文京区	12
新宿区	20
港区	15
中央区	11
千代田区	6
総計	358

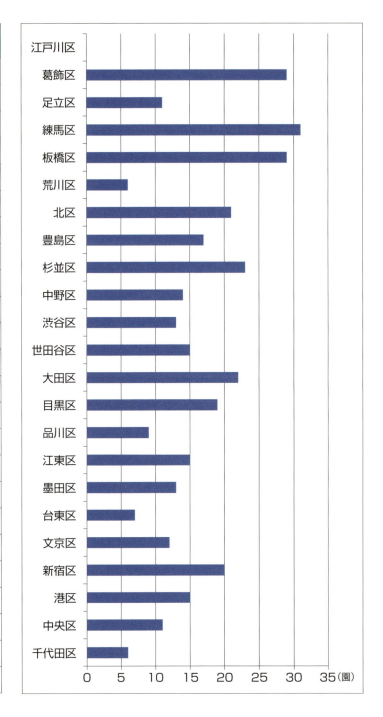

3 アンケート結果

1. 0歳児の保育室の位置

0歳児の保育室は、回答数358園中191園が2階にあり、一番多い数字となった。その次に多いのは1階であり、159園であった。また、同じ建物で0歳児の保育室が1階と2階に分かれている園があるので、回答数は358であるが、「0歳児の保育室の位置」の総数は359となる。

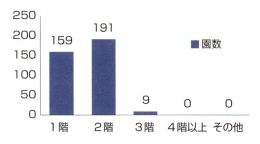

※以下、グラフ中の％以外の数値は園数となる。

2. 0歳児クラスの受け入れの月齢

産休明けの57日目からの受け入れ園が170園と最も多く、次に多いのは6か月からの受け入れであった。6か月未満児全体では、236園と全体数の3分の2を超える園数であった。

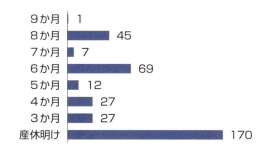

3. 0歳児クラスの子どもの人数

0歳児クラスの子どもの人数は、6～10人の園が最も多く184園、次いで11～15人の園が149園であった。なお、16人以上の多くの0歳児を受け入れている園は24園であった。なお、5人以下の園は1園のみであった。

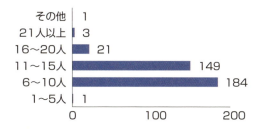

151

第4章　0歳児保育の実態調査

4. 0歳児クラスの職員の数

　0歳児クラスの職員の人数は、5人体制のところが96園と最も多く、次いで4人体制の園が81園、6人体制が57園であった。3～6人体制の園が多いことがうかがえる。なお、7人体制の園も31園と比較的多く、10人以上の園が11園あった。

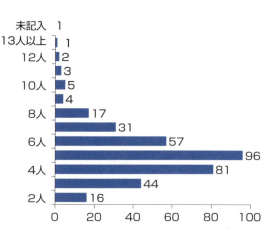

5. 食事について

①ミルクについて

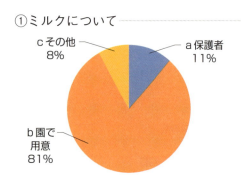

〔項目〕
a 保護者に希望を聞いて家庭と同じものを購入している
b 園で用意しているものを使用している
c その他・保護者の承諾を得て、園で用意しているミルクを使用
・入園前に各家庭での使用しているミルクを確認し、その年度一番使用の多いミルクを統一して購入している
・アレルギー児には個別対応（家庭から持参・園で購入）
・入園までに園使用のメーカーを伝え慣れてもらう

　ミルクについては、8割の園が園で用意しているものを使用していた。保護者に希望を聞いて家庭と同じものを購入している園は1割強であり、その他アレルギー児への対応があったり、入園までに園のミルクに慣れてもらうなど個別の対応も見られた。

②乳首について

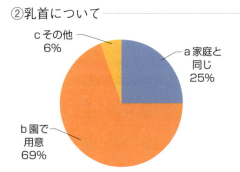

〔項目〕
a 保護者に希望を聞いて家庭と同じものを購入している
b 園で用意しているものを使用している
c その他・保護者の承諾を得て、園で用意しているものを使用するが、個別に家庭と同じ物を使用することもある
・2種類程のメーカーを揃えている
・合わない場合は家庭より持参もあり
・希望の方は相談
・穴のサイズは家庭と同じものにしている

乳首については、69％が園で用意しているものを使用との回答があった。保護者に希望を聞いて、家庭と同じものを購入している園は25％であり、その他個別対応をする園も見られた。

③冷凍母乳の預かりについて

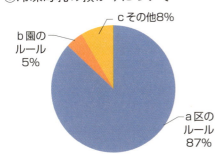

〔項目〕
a 区としての預かりのルールに従って実施
b 園としてのルールに従って実施
c その他・行っていない、希望がない
・調乳室に専用の冷蔵庫がない

冷凍母乳については、各区のルールに従って実施している園が87％近くであり、園それぞれのルールに従って実施している園が5％、その他、行っていない、保護者からの希望がない場合や調乳室に専用の冷蔵庫がないなどの理由で実施していない園も見られた。

④食事をしている場所について

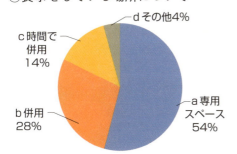

〔項目〕
a 専用スペースで食べている
b 専用スペースがあり、遊戯スペースとしても利用している
c その時間帯に、遊戯スペースにテーブルと椅子を出して使用している
d その他・ベッドルームと同部屋

食事をしている場所について、専用スペースのある園が54％ある一方、専用スペースを遊戯スペースとして併用している園が28％、食事時間に遊戯スペースを食事の場として使用している園が14％であった。

⑤食事はどのように食べさせているか

〔項目〕（保育者：子ども）
a 1：1で　　b 1：2で　　c 1：3で
d その他・月齢やアレルギーの状況に合わせている
・できれば少人数で食べさせたいが、体制により1対3もある
・ミルクは月齢で対応
・年度の後半は1対4になる

第4章　0歳児保育の実態調査

　食事については、１：１と１：２で乳児に食事介助をしている園が170園、171園と総数の半数以上を占めた。１：３で食事を与えている園は115園、その他では子どもの状態や月齢などにより対応を変えている園、また年度の後半には１：４になるという回答もあった。

⑥食事場面で大事にしていること（自由記述）

《環境》
・落ち着いた環境
・清潔な環境を心がける
・静かでゆったりとした中で食事をする
・毎日同じ場所で食事をし、落ち着いた雰囲気の中で食べられるようにしている
・決まった保育者、場所で食べるなど、食前後もパターン化して見通しが持てるようにする
・職員の声、動作に十分気をつけ、静かな落ち着いた空間の中で食べられるように心がけている
・食事に集中できない場合は、ついたてなどを利用し、まわりが気にならないようにする
・授乳スペースを確保している

《方法・食具・椅子》
・子どもの姿勢に合わせた椅子、ラック、ローチェアーで食事を摂るようにしている
・滑りどめゴム・クッションや足台（マット）などを使用し安定した姿勢で食べられるようにしている
・取り皿を用意してつまんで食べたり、スプーンを使って口の中に入れていく適量を知らせたりしながら自食を促す
・食器は立ち上げ皿を使用し、自分ですくうことができたという経験を大切にしている
・まだ座れない子は保育者の膝で食べる
・介助の仕方（スプーンの運び方など）を担任間で共通にし口の中の学習を大切にしている
・子どもの生活リズムに合わせて食事の順番を決める
・１口目は麦茶からにしている
・手づかみ食べをする時の小皿と２つのスプーン（子ども用と介助用）の用意
・手づかみで食べられるように、手づかみ用にステンレスの皿を使っている

《清潔》
・食事中の鼻水の拭き方など、清潔面も職員が共通理解し配慮している
・食べこぼしなどは速やかに片付け清潔な中で食事が進められるようにしている

《かかわり・配慮》
・授乳では、目を見ながら優しく語りかける
・食事時間が好きな時間になるよう笑顔でかかわる
・子どもときちんと向かい合って食事をする
・食べる意欲が湧いてくるよう食卓に着く前から誘いかけに配慮している
・同じ職員（担当）が食べさせるようにしている
・楽しい雰囲気で食べることを心がけ、食べたいという気持ちを育てる

- 手づかみや自分から食べようとする気持ちを大切にしている
- 一人ひとりの量を理解し、無理強いしない
- 舌・唇の動かし方、取り込み方、咀嚼、かむ、飲み込む様子を見ながら、発達を促す
- 色々な味に無理なく慣れるようにしている
- その子の朝食の時間、体調を見ながら時差をつけ、なるべく少人数で食事ができるようにしている
- 生活リズムを整え、食事がしっかり食べられるようにしている
- 担当制をとりできるだけ一対一で食べさせている
- コミュニケーションの場と捉え、欲求を受けとめるようにする
- 担当が休みの時は次に食べさせる職員を決め、子どもが安心して食べられるようにする
- 簡単なマナー（日々の中で保育者が行っていく）
- 時間差をつけ、食事スペースに少人数ずつ入るようにしている
- 大人の都合でなく子どもに合わせた時間に食べること
- 食事を通しての大人との信頼関係を築く
- 一対一の特別な時間を大切にしている
- 子どもの状態に合わせて量を調節したり食べさせ方を工夫している
- 待っている子には楽しいあそびを用意し、「遊んでいたら自分の順番がきた」という気持ちになるように
- 全量を食べることよりその子の適量を大切にしている
- 空腹感を感じて食べることができるように午前中の活動を充実させたり生活リズムを整える
- 手づかみの経験から、スプーン持ち・コップ持ち等、段階を踏んでいる
- しっかり食物を捉え、「カミカミ、ゴックン」と言葉をかけながら嚥下をさせる

《職員の連携》
- 栄養士の助言に基づいて、一人ひとりに合った食事形態が提供できるようにしている
- 家庭の状況を連絡帳や保護者の話から把握し、栄養士・看護師と連携をとり、アドバイスや援助の仕方を工夫している
- 月一回、食べさせ方、言葉かけ、援助の仕方について離乳食打ち合わせを行っている
- 離乳食は個別トレーで提供し、名前の札で提供前に声に出して献立通りか確認をする
- 担任間がお互いの食べさせ方が見えるように位置を固定する
- 素材の味や温かさが味わえるよう食事時間の設定や調理員との連携
- 担当者が担当しつつも職員全員が把握・共通理解を大切に
- 子どもが食べる前に検食を行い、刻み方などが適当であるかを確認する

《アレルギー対応》
- 細かなチェックリストを作成し、誤食がないよう十分注意している
- アレルギー児は必ず正規保育士が食べさせる
- アレルギー児には専用テーブル・椅子・台拭きを使用し誤飲・誤食に気をつけている

《保護者対応》
- 初めての食材は、家庭から始めてもらい、保護者の安心できる食事提供を行っている
- ステップアップ前の食材のお試しは栄養士が手紙で個別対応している

第4章　0歳児保育の実態調査

6. 生活・健康・衛生環境

①園で使用するおむつについて

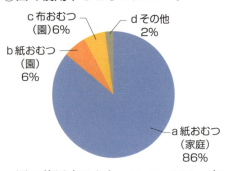

〔項目〕
a 各家庭から紙おむつを持参
b 園で用意
c 布おむつの無料貸し出し制度がある
d その他・貸しおむつ業者に依頼している
・便を拭く時は、貸しおむつ業者の布おむつを使用し保護者より使用料を徴収する
・区で紙おむつ支給だがおむつかぶれがひどい子は持参の場合もある
・布おむつを持参

　園で使用するおむつについては、家庭から紙おむつを持参してもらう園が86％と多数を占めた。一方、園で紙おむつを用意する園、布おむつを園で貸し出しする（無料）園は同割合で6％であった。その他、保護者から使用料を徴収しているケースも見られた。

②使用したおむつの処分について

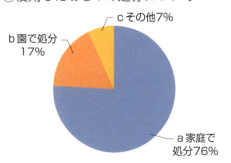

〔項目〕
a 各家庭で処分する
b 園で処分する
c その他・貸しおむつ業者のおむつは業者回収
・便のついたものは園で処分

　使用したおむつの処分については、家庭に持ち帰ってもらうなど家庭での処分が76％、園で処分するケースが17％であり、その他業者回収の場合や便がついたものについては園で処分するなどのケースが報告された。

③おむつ交換スペースの設置

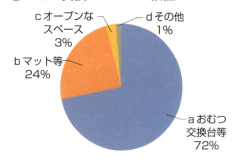

〔項目〕
a おむつ交換台などを置いた専用のスペースがある
b 平置きマットなどのスペースがある
c あそびコーナーなどの中でオープンなおむつ交換スペースがある
d その他・遊ぶコーナーとは別に設定している
・下痢の時はトイレスペースの交換台にて行う
・イレクターなどの仕切りで専用のおむつ交換スペースがある
・受け入れ室

おむつ交換をする場所については、おむつ交換台などの専用スペースがある園が72%、平置きマットなどを敷いたスペースの園は24%と、多くの園で固定のスペースが確保されていた。一方、あそびコーナーなどで共有している園は、3%であった。その他、園の環境により別のスペースをおむつ交換などとして併用している園も見られた。

④子どもの手洗いについて

子どもの手洗いについては、室内に子ども用の流しが設置されている園が最も多く、その次におしぼりを使用している園が多かった。また、子ども用の流しがないために、大人用の流しで洗っている園も比較的多く見られた。その他、園の環境や活動による手洗いの工夫や発達的な配慮から、おしぼりを使用するなどのケースも見られた。

〔項目〕
a 保育室内の子ども用の流しで洗っている
b 子ども用の流しがないので大人用の流しで洗ってあげている
c 子ども用の流しがないのでおしぼりを使用している
d その他・戸外から戻った時は、洗面器、バケツにお湯を入れ洗っている
・外あそび後はホースを伸ばして行っている
・食事前後はおしぼりを使用
・受け入れ室の水道で洗う
・外あそび後は、廊下の子ども用流しを使用
・子ども用の流しはあるがおしぼりを使用
・手を洗う動作ができるようになるまで、おしぼり使用
・食事時間がみんな一緒になってから手洗いをする

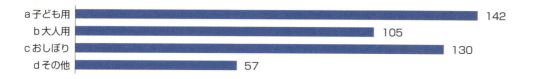

a 子ども用　142
b 大人用　105
c おしぼり　130
d その他　57

⑤午睡の場所

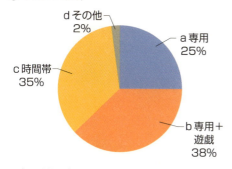

d その他 2%
a 専用 25%
c 時間帯 35%
b 専用＋遊戯 38%

〔項目〕
a 専用スペースがあり、午睡室としてのみ使用
b 専用スペースがあり、遊戯スペースとしても使用
c 時間帯で遊戯スペースに布団を敷いたりコットを使用
d その他・ベッドは専用スペースがある
・ベッド2台分は常時使用できるようにしている
・後半は遊戯スペースに布団を敷く
・7か月までベッド使用
・秋頃からコットベッドに以降

午睡場所については、専用スペースと遊戯スペースを併用している園が38%と最も多く、また、時間帯により場所を兼用している園が35%であった。専用スペースのある園は25%であった。その他、ベッドの場所を確保していたり、発達や時期に応じて午睡場所を変えるなどのケースも見られた。

⑥午睡の寝具

午睡の寝具については、布団を用いている園が211園と最も多く、その次にベッドを使用している園が152園、またマットを使用している園が94園と続いている。コットベッドなどの簡易ベッドを使用している園は16園と少数であった。

〔項目〕
a マットを使用
b ベッドを使用
c 簡易ベッド（コットベッド）
d 布団を使用
e その他・月齢が高くなったら布団に替え、ベッドは片付けている
　　　　・ベビーラック

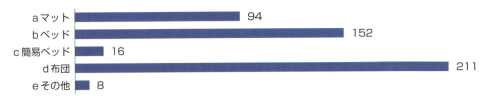

- a マット　94
- b ベッド　152
- c 簡易ベッド　16
- d 布団　211
- e その他　8

⑦乳幼児突然死症候群（SIDS）対策（自由記述）

《環境》
- 前期は敷布団は使用せずベッドマットで眠る
- シーツの上にタオルを置かない
- 敷きバスタオルは使用せずピンと張られたシーツの上で寝かせる
- ベッドの柵に布などをかけない
- ベッドのまわりにぬいぐるみやスタイなどを置かない
- タオルケットなどが口元にかかっていないか確認する
- 子どもの表情が見える位置に職員がつく
- カーテンを閉めすぎず、顔色が確認できるようにしている
- 体調の悪い子は保育者のそばに寝かせるようにしている
- 体調が悪い子、ひきつけを起こしたことがある子のそばに保育者がついている
- 体調のよくない子は入口付近で午睡部屋の担当者以外の目も届くようダブルチェック
- 隣の子との間をあけて布団を敷く

《具体的対応》
- 仰向けで寝かせる
- うつ伏せ寝をさせない
- うつ伏せに寝たら仰向けに変える
- 9か月以前は必ず仰向けで寝かせる
- 1歳未満は仰向けで入眠させる
- 鼻水やよだれが出たら拭く
- 口の中に食べ物が残っていないかの確認
- 厚着をさせない
- できるだけ泣いてからの入眠は避け落ち着いてから入眠させる
- 授乳後、ゲップを十分に出してから寝かせる

- 指しゃぶりを外す
- 咳が出る時は上体を高くして呼吸しやすい姿勢にする
- 衣類は締め付けのないものを着用
- 午睡当番は必ず2名ついている
- 午睡の対応は、複数で行う
- ほぼ全員睡眠時、できるだけ複数体制
- 朝の視診を通して体調不良の子どもを全職員で把握する
- 定期的に看護師も状態を見に来ている
- 午睡当番が替わるとき、何かあれば申し送りをする

《睡眠チェック》
- 睡眠チェック表で記録をとっている
- 5分間おきの睡眠チェック（胸の動き・呼吸を手で感じる）
- 6か月未満児は5分おき6か月以上児は10分おきにSIDSチェックを行っている
- 1歳未満児は5分おき満1歳児以上児は10分おきに呼吸・体位の確認
- 10分おきに寝ている姿勢、呼吸の有無、顔色の確認をしている
- 15分ごとに睡眠チェックを行い表に記入している
- 体位・顔色・呼吸・発汗・泣き声・溢乳を手で触れて確認する
- 午睡チェック表で呼吸などの他に個々の胸の方向も矢印で記入チェックしている
- 土曜日は土曜日用確認表に記録する
- 室内にタイマーを置き時間をきちんと計っている
- 午睡チェックをする職員は別の作業などはしない

《予防》
- SIDSのDVDを観て周知・意識し保育を行っている
- 毎月、SIDS訓練を行う
- 新年度、0歳児担任で研修を行う
- 職員は救命救急の研修を受け、看護師からも指導を受ける
- 緊急時のシミュレーションを園全体で行い緊急時に備える
- 区で突然死防止のための厳守事項マニュアルがある
- 入園時に突然死について必ず保護者に説明している

第4章　0歳児保育の実態調査

7. あそび場所・くつろぎの環境

①気温・湿度などの把握

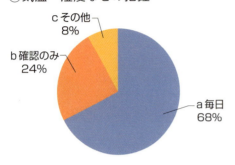

〔項目〕
a 毎日決まった時間に測定し、記録をする
b 確認はするが、記録はしない
c その他・決まった時間ではないが測定し記録している
・1日を通して確認し日誌に記録している
・加湿器使用期間は決まった時間に測定し記録、その他は確認
・水あそび時期と冬期は記録
・看護師が記録
・夏季は28度以上でエアコンを入れ日誌に記入

　気温・湿度などの記録については、毎日決まった時間に測定、記録をとる園が68％と最も多く、記録はしないが確認のみの園は24％であった。その他、決まった時間ではないが記録はしている、状況や季節に応じて機器の使用時に記録、というケースも見られた。

②動的空間としての遊具

　0歳児の動的なあそびの空間として用意されている遊具は、トンネルや斜面板が312園同数とそれぞれ最も多く、階段やミニハウス、などの遊具を用意している園が続く。ろくぼくなどもあり、また発達に適した多くの遊具が用意されていた。

〔項目〕
a 階段　b 斜面板　c ろくぼく　d トンネル　e ミニハウス
f その他・マルチパーツ・可動遊具・タイヤ・マット・バイオマット・太鼓橋・スポンジマット・マットレス・ボールプール・段ボール箱・牛乳パック使用の箱・箱押し・巧技台・ついたて・一本橋・スプリングマット・室内ジャングルジム・ボール・乗用玩具・引き車・リトルコーン・牛乳パックベンチ・プラフォーミング・ハンモック・クッションの山・ロディ・カタカタ・ソフトスロープ・ソフト大型積み木・ウレタン製山坂クッション・バランスボール・ボールハウス

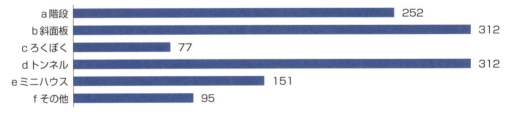

③静的空間の確保

　0歳児の静的なあそびの空間として用意されている環境としては、遊戯スペースのなかで活動に応じて自在に場所を変えられる環境を確保している園が204園と最も多く、また子どもの状態に応じて対応できるように専用スペースを置いている園も99園見られた。また様々な環境を併用している園も多く見られた。

〔項目〕
a 専用スペースがあり、いつでもそこの遊具で遊べる
b 遊戯スペースの中で活動に応じて、大人が場所を変える
c 受入れ室（スペース）、食事室（スペース）、午睡室（スペース）などを使用する
d その他・サンルーム内に畳スペースを設置
　　　　・コーナーで区切られており状況に応じて使い分けている
　　　　・活動内容と時期によって変わる
　　　　・bからa・cに移行していく
　　　　・c＋ほふく室も利用している
　　　　・専用スペースもあるが制作などは仕切りを作る

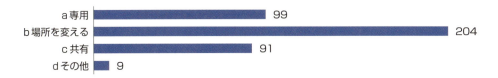

- a 専用　99
- b 場所を変える　204
- c 共有　91
- d その他　9

④絵本の置き方

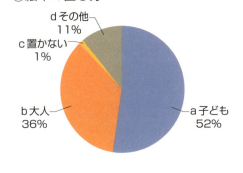

- a 子ども　52%
- b 大人　36%
- c 置かない　1%
- d その他　11%

〔項目〕
a 子どもが手に取れるように遊具棚などに置く
b 大人が使うときだけ出す
c 年間を通して絵本は置かない
d その他・子どもの成長に合わせて置き方を変える
　　　　・絵本を楽しめる時期になったら絵本をウォールポケットに入れて出している
　　　　・子どもの見えるところに置き要求に応じて出す
　　　　・読み聞かせ用の薄いものは大人が使う時だけ出している
　　　　・大人と一対一で読める空間を作って使う
　　　　・後期、月齢により絵カードのような物を用意する
　　　　・保護者に読んでもらえる環境も設定している
　　　　・布の絵本は手の届くところに置いている

　絵本の置き方については、子どもが手に取れるように遊具棚に置いてある園の割合が最も多く、52％と半数であった。また、大人が必要に応じて出し入れするのは36％と3割であった。年間を通して絵本は置いていない園も若干見られた。その他、成長や環境からの配慮で、必要に応じて置き場所に工夫をしている園や、布絵本のように玩具として扱う場合には手の届くところに置くなどが見られた。

⑤0歳児にふさわしい遊具の条件とは

　0歳児にふさわしい遊具としてあげられた条件で最も多く回答が見られたのは、「洗えるもの」であり、316園から回答があった。衛生面の配慮を多くの園が最も重要だと捉えていることがうかがえる。一方、木製や音の出る玩具、動きや色、形などこの時期の育ちを考慮した五感に触れる遊具を用意している園も多く見られた。

第4章　0歳児保育の実態調査

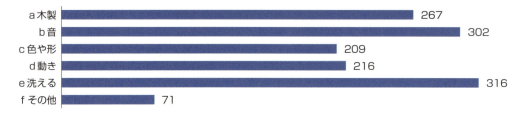

〔項目〕
a 木製のもの
b 音のするもの
c 色や形がはっきりしたもの
d 動きが単純なもの
e 洗えるもの
f その他・0歳児に合った心地いい音色、肌触り、動きの遊具
　・手作りも大切にしている・指先を使って遊ぶ
　・安全性・耐久性・繰り返し遊べるもの・様々な用途のあるもの
　・口の中に入らないもの・変化のあるもの・目で追うもの
　・月齢や発達に合わせた手作り玩具・様々なイメージしやすいもの
　・角のないもの・規格に合格しているもの・感触の異なるもの

a 木製　267
b 音　302
c 色や形　209
d 動き　216
e 洗える　316
f その他　71

⑥遊具の洗浄、消毒について

　遊具の洗浄については、毎日水洗いを行っている園が245園と最も多く、また、使用後その都度拭くと回答した園は157園であった。その他、日光消毒をしている園も97園とその次に多く見られた。

　その他、子どものあそびによって水洗いや消毒を行ったり、感染症の時期など状況に応じた対応を行っている。スチーマーなど、専用機器を用いている園も見られた。

〔項目〕
a 毎日（日中1回、降園後1回）など決めて、水洗いをしている
b 使用したものをそのつど拭いていく
c 日光消毒
d その他・口に入れたものは使用済みカゴに入れ、水洗いしている
　・一人の子どもが使用、なめたものはすぐに洗って日光消毒する
　・看護師より指導を受けている
　・スチーマーで消毒
　・毎日1回水拭きしている
　・週末に消毒・湯拭き
　・感染症発生時は消毒液を使用し拭く
　・布や人形は週末に洗濯
　・洗浄の間、入れ替えられるようにストックがある
　・午前・午後で入れ替えている
　・朝、保育前に拭く・降園後水拭き・消毒布で拭く

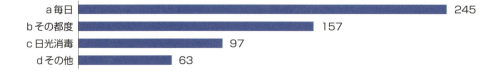

a 毎日　245
b その都度　157
c 日光消毒　97
d その他　63

3 アンケート結果

⑦くつろぎ空間づくりの工夫（自由記述）

《空間》
- 少人数で過ごす
- ほふく室にてんがいを付けたり、ゆったりと過ごせる雰囲気づくりを行っている
- 仕切りにカーテンを吊るし、視界が広がりすぎないようにしている
- 友だちとぶつかり合わないように部屋の角などの空間を利用している
- 発達や活動に合わせて可動式の間仕切りを使い空間をつくっている
- 午睡室・多目的室・ホール・ベランダ・他クラスなどを活用している
- ミニハウスや押入れの下を開放し狭い空間をつくっている
- ハイハイ・歩き始めの姿を保障するためのスペースが広く持てるような環境の工夫
- コンビカーなどで子ども一人ひとりが落ち着ける場をつくる
- あそびに集中できるように出入り口についたてを置く
- 一人ひとり好きな空間を確保できるよう工夫している
- 絵本コーナーを作り牛乳パック椅子や布団を置いている
- 寝たい子がすぐに眠れるようにベットとサークルを常設している
- ガラス戸に和紙を貼って子どもの目線に中に色々なものが入ってこないようにしている
- ベッドルームを利用している
- 小スペースづくり
- 低い棚でコーナーをつくり大きい空間を区切って狭くしている

《感触》
- たたみのコーナーを設ける
- クッション等を利用してリラックスできる空間づくりをしている
- キャンディマットを置いたり、マットやジョイントマットをコーナーにして並べ、横になったり保育者と触れ合えるようにしている
- 体育マットにカバーをつけ、その上でくつろげるようにしている
- やわらかいマットの山や、形の違う数種のクッションを置いている
- フローリングなので夏はござ、冬は絨毯を使用している
- 家庭的な温かい雰囲気をつくる
- 風船ベッドの活用
- ウォータークッションを設置し、冷感・水の感触を味わえるようにしている

《玩具》
- 同じ玩具がいつもと同じ場所にあるようにしている（発達に合わせ入れ替えはする）
- 不必要なものは置かない
- 整理整頓を心がけ安全で安心して過ごせる場を作る
- 自由に玩具を出して遊べる棚を置き、あそびに合わせて対応できるようにしている
- 子どもの目の高さに合わせた環境設定
- 玩具をこまめに入れ替える

《視覚・聴覚》
- 部屋の棚などはクリーム色など穏やかな色合いにしている
- 優しいBGM、飾り付けなど

第4章　0歳児保育の実態調査

- ・室内に花やグリーン・動物の写真などを飾る
- ・季節にあったタペストリー・ポストカードを飾る
- ・木目の棚・テーブルで家庭的な雰囲気づくり
- ・自然物（メダカ・金魚など）を置いている
- ・子どもの手型を使っての装飾
- ・子どもの好きな曲を流す
- ・絵をかける
- ・やわらかい色調で整える

《保育士の思い・かかわり》
- ・親子共にホッとできるように心がけている
- ・保育者の動きが大きくならないようにする
- ・必要な要求に応え温かい言葉をかけたり抱いたり相互応答的な関係をつくる
- ・歩ける子とまだ歩けない子の遊ぶ場所を室内で分けている。
- ・保育者の膝を空けておき、「いつでもどうぞ感」を出している

⑧0歳児保育の環境としての課題（自由記述）

《人的環境》
- ・設定を変更する際、職員同士の共通理解を持ってから行うこと
- ・職員の人数が多いため、保育者の姿勢、言動を常に確認し合い、望ましい状態にしたいができないこともある
- ・大人の人数が多いことで共通理解をしながらの日々の保育
- ・かかわる職員が多いことでの意思の疎通や確認等の徹底は課題である
- ・年度末の担任発表から4月スタートまで期間が短いので担任間の話し合いが十分にできない
- ・集団が大きい
- ・集団が大きいが2グループに分ける環境（物的・人的）がない
- ・少人数で過ごせるように心がけているが、保育者の当番などにより難しい時がある
- ・一対一の時間をなかなかつくれない
- ・職員の声
- ・午睡・食事・静的あそび・動的あそびの部屋があるが職員体制により活用しきれない時がある
- ・保育者が食事面など正座してのかかわりでなくてもよい環境があると良い
- ・産休明けのお子さんが多い時には職員の手が不足がち
- ・おむつ交換台に子どもを降ろす際、職員が腰を痛めてしまうので何か工夫はないか？
- ・危険なことは知らせて子どもも理解して行動できるようにすることが課題
- ・午睡チェックに追われて事務もできない、休憩も十分に取れない日がある

《物的環境：生活》
- ・食事の形態により、生活時間帯が違うため、食事中の音などが寝ている子のスペースに漏れてしまう
- ・食事室の周囲が柵のため食べている子・遊んでいる子がそれぞれ目に入って気になってしまう
- ・同じグループでも食事時間が違う場合、個人を保障することがとても大変
- ・食事室と調理室がとても離れている

・食事スペースは分けようがない
　・子どもに合った椅子でない
　・調乳室が０歳児室内にあり１歳児の食事の時に入室するため使用しずらい

《物的環境：スペース、空間のつくり方、工夫など》
　・月齢差があるため、発達に合った遊びのスペースの確保
　・年度によって月齢が違うため、その年の子どもに適した環境づくりが課題
　・同じ月齢でも個人の発達が違うため、一人ひとりのあそびを保障することが難しい
　・発達の見通しを考え、クラス全体で安心して安全に遊べる空間づくりが常に課題
　・広い部屋をコーナーに分けて子どもが落ち着いて遊べる環境をどうつくっていくか
　・好奇心の促しと安全性との兼ね合い
　・コーナーの仕切りは手作りしているが安全性の高い物や色を統一して見た目にも癒される物を
　　購入したい
　・コーナーづくりが難しくどうしても大人がまたぐスペースが発生してしまう
　・大人の準備スペースと子どもたちの生活・あそびスペースが混在している
　・食事とあそびの空間のつくり方・使い方
　・産明け室が独立していないので、仕切りをつくっているだけで同じ空間に生活している
　・産明け児のスペース確保
　・安全対策のために室内がテープだらけになってしまう
　・室内の色の統一が難しい
　・午睡中泣いて起きてしまった子の行き場がない
　・体調の悪い子などの個のスペースがとりずらい
　・物的環境整備にはその大小に応じた経費がかかる

《物的環境：遊具》
　・木の玩具、遊具が子どもにはよいと思うが、集団では、清潔に保てないため使用はどうか
　・何でも口に入れてしまうので、細かい装飾や、素材に制限がある
　・発達の幅が広い中での遊具の設定、出し入れの仕方
　・玩具の常設をしたいが危険でない大きさを考えると難しい
　・作りつけの棚が少ないため、いつも使うもの、使う回数が多い遊具、しまう遊具と区別するこ
　　とが難しい
　・発達が著しいので遊具の入れ替えを頻繁に行わなければならない
　・常に玩具を清潔に保つこと
　・高月齢児がじっくり遊べる絵本コーナー・机上コーナーの設定の仕方
　・低月齢児がしゃぶってしまった絵本を清掃していると高月齢児が見られなくなってしまう

第4章　0歳児保育の実態調査

8. 人的環境

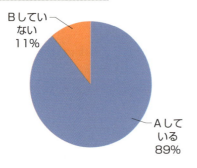

担当制をとっている園が89％であり、9割に近い園が担当制を取り入れていることが分かった。また担当制を取り入れていない園は11％であり、1割の園は担当制ではないことが分かった。

A　①担当制を実施している理由

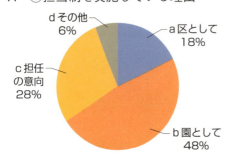

担当制を取り入れている理由として、最も多いのが、園の取り組みとして担当制を実施しているという理由が48％と5割に近い結果であった。また、区の取り組みとして担当制を実施している園は18％であった。一方、その年の担任の意向によると回答した園は28％と3割に近い結果であった。その他の理由として、愛着の基礎づくりや、特定の保育者との安心して生活できる点、丁寧な点などがあげられた。

②担当制の分け方

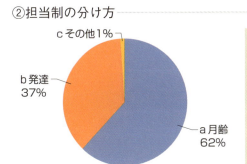

〔項目〕
a 月齢によって高月齢・低月齢のように分けている
b 子どもの発達の姿によって分けている
c その他・保育者の経験年数も参考にする
・アレルギー児を考慮
・月齢で分けているが個々の姿によって柔軟に対応している
・登園時間など
・入園前の場合によっては発達に配慮が必要か分けている
・生活リズムに合わせて
・時間帯によって大まかに分けている
・子どもとの相性

　担当制の分け方としては、月齢によって担当を決めている園が62％と最も多く、子どもの発達の姿により、担当を決めている園が37％であった。発達と個別性という点が考慮されていることが分かる。また、その他の分け方として、保育者の経験年数や保育時間、アレルギー児や発達の観点、また保育者と子どもとの相性といった点もあげられた。

③どのような担当制か

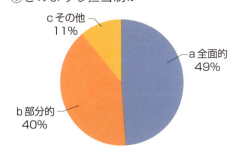

〔項目〕
a 生活・あそび・保護者対応など全面的に
b 生活面のみなど部分的に
c その他・生活面・保護者対応を中心に担当制、あそびは全体で見る
・アレルギー児の食事対応・保護者対応
・食事、児童票の記入
・担当者が不在の時はフリーが生活を、あそびはクラスみんなでかかわる
・生活面とあそび面

　担当制の方法については、生活・あそび・保護者の対応含めて全面的な担当を決めている園は49％であった。一方、生活面などに部分的に担当を決めているケースは40％で、両者ともほぼ近い値であった。その他、アレルギー児の食事、児童票の記入などについては、部分的な担当制を用いて、あそびについては全体で見るとしたケースも見られた。

④担当制はいつまでか

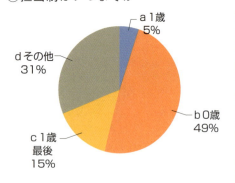

〔項目〕
a 1歳になるまで
b 0歳児クラスの最後まで
c 1歳児クラスの最後まで
d その他・2歳児クラスまで
　・子どもの情緒が安定するまで
　・はじめの3か月
　・子どもの発達、興味、関心によって変更もある・完了食にあがるまで
　・1歳児クラスから2歳児クラスに向けて緩やかにグループを崩している
　・児童票の記入は0歳児クラス最後まで、食事の担当などは入れ替え有り
　・状況をみて緩やかな担当制へと変えている
　・12月頃まで
　・離乳食の間
　・担当制の言葉の内容の幅が分からない
　・その年の担任の意向で何歳まで相当か決まる
　・記録と一部保護者対応以外は慣れ保育終了頃まで

　担当制をどの時期まで用いているかについては、0歳児クラスの最後までとした回答が49％と最も多く、1歳の最後までとした園が15％であった。1歳になるまでと回答した園は5％と少数であった。その他、発達や子どもの個々の状況に応じて取り組むなど、園や子どもの状況に応じて対応している園も多く見られた。

⑤子どもの愛着形成における配慮や工夫（自由記述）

《保育士の思い・かかわり》
　・いつも笑顔で
　・しっかり目を見て優しく声をかける
　・いつも見ているよ、そばにいるよと愛情を注ぐ
　・子どもの気持ち、欲求を見落とさないように応えていく
　・子どもからの声、目線、仕草などには、やさしく応答していく
　・甘えなど、依存欲求を十分受けとめる
　・一対一でのかかわりを大切にする
　・抱っこやおんぶ、スキンシップを多くしている
　・ふれあい、コミュニケーションをたくさんとっている
　・わらべうた、ふれあいあそびなど、子どもが心地よく遊べるようにしている
　・少人数での保育を心がけ、落ち着いた雰囲気の中で過ごせるようにしている
　・クラスの担任が心の安全基地になるよう心がけている
　・プラスの言葉がけ
　・「いつもと違う」をすぐに察知し声をかける
　・抱っこや移動の時も優しく「○○するね」と事前に声がけをする
　・子どもの目を見て話しかけ内言語を引き出していく

- あそびに関しては、月齢、発達、個々の興味に応じて担当やグループを超えて楽しめるように工夫している
- なぜ泣いているのか、生活リズム、家庭環境の把握を行い、気持ちよく生活できるようにしていく
- 家庭での生活リズムを聞きながら一人ひとりに合わせて食事・睡眠など、心地よく過ごせるように対応している
- クラス担任が心の安全基地になるよう心がけている

《担当制》
- 担当制により、安心できる人、場を持つことで自分を理解してくれる人、信頼できる人という人間関係をつくる
- 受け入れは担当がなるべく行い、快・不快を共にして担当との関係をつけていく
- 担当が受け入れから、食事、あそびにかかわることで子どもの成長に合わせた活動やかかわり方を考えていくようにしている。
- 同じ保育者がかかわり、子どもの姿をより細かく把握し、見通しを持ったかかわり、信頼関係を深め愛着形成につなげる
- 入園時から生活する中で子どもの方から甘えられる職員を探し、応答関係から安定をはかる
- クラス当番を担任がやるように工夫している
- 不安が強い時は特定の保育者が可能な限り対一でしっかりと向き合い自ら離れていけるまで見守る
- 子どもが担当にこだわりを見せているときは、それに応じ、少しずつ心が開いていくまで、しっかり関係をつくっていく。
- 担当がいない時も他の職員が同じようにかかわれるよう職員同士が共通理解し、子どもが安心して過ごせるようにしている
- 担当が休みの時は、次の担当を決めるなどして、なるべく決まった保育者との関係をつけていくようにしている
- 緩やかな担当制をとっているが相性をみて入れ替えている
- 保護者対応も担当が対応するようにしている
- 担当制をとり愛着の基礎をつくり周囲に広げていく
- どんな時も担当者がかかわり見守ることで自己肯定感が育つようにしている
- 担当制をとり朝の受け入れを丁寧に行い24時間の生活リズムで子どもとかかわるようにしている
- 食事も担当が行い食べ具合の把握や一対一・二対一でのゆったりした環境の中で介助している
- 年度初めは一対一で食事の介助をするようにした

《保護者支援》
- 保護者との関係づくり（日常的な情報交換・面談・懇談会などで共通理解）
- 母親との関係も丁寧に見ていきながらアドバイスしていく
- 家庭での愛着関係が基本なので、保護者対応に配慮している
- 保護者へは連絡帳以外のエピソードを伝えながら家での様子を聞き出していく
- 慣れ保育の数日間は保護者も一緒に園で過ごし、担当保育士は家での養育方法を理解し園での生活を伝えながら進めていく

《その他》
- 打ち合わせで、発達、情緒面について子どもの育ちを話し合う
- 職員同士がサポートし合う
- 長時間保育の子どもへは毎日、同じ時間帯に決まった非常勤が保育することで安定を図っていく

第4章　0歳児保育の実態調査

> ・朝夕の当番も0歳児クラスは単独で行い安定した環境で受け入れる
> ・担当制をするにあたりプラス1名の非常勤配置がある
> ・園内研修を通し学年で「愛着」について勉強した

⑥子どもの共通理解や職員間の連携の工夫（自由記述）

《会議》
・月1回全担任・他職種と情報交換をし、同じ視点で子どもを見ることができるようにしている
・打ち合わせを行い、子どもの姿を報告しあう
・日々の保育で担任が気づいたことなど、夕礼、終礼で報告しあう
・話したことはクラスノートに記録し、いつでも確認できるようにしている
・その日の活動を朝、前日に確認し、月案を立て活動を決めている
・年度の初めに、保育士、看護師、栄養士を含め話し合いを持つ
・多職種、保育士、看護師、栄養士、調理師との連携を密にする
・担当以外の保育者にもアドバイスをもらう
・個別日誌や個別月案を担任全員で読み意見交換をする
・研修などで学んだことや各自の経験などを会議などで伝えていく
・必要に応じて保育観や今、大切にすることなどを話している
・応援体制を組み、保育者・栄養士・調理との話し合いを週1回持っている
・本来は全てを担当制にしたいと考えているが、職員の経験年数等が様々で悩みながら実施、話し込みを大切にしている

《記録の活用》
・生活表を記入し、確認し合っている
・体制表の確認
・朝の引継ぎ、昼礼や職員間の連絡ノートを使って伝達漏れがないようにしている
・家庭での姿が一目で分かるように、大きいボードに体温、睡眠時間、食事、健康状態を記入している
・急な連絡事項は、ホワイトボードや健康チェック表、連絡簿を利用し連絡漏れがないようにしている
・園内研修の中で子どもの発達を抑えて毎年チェック票をつけながら確認している
・連絡帳を一覧に転記し職員が常に見られる状況にしている
・月案の個人配慮・ねらいは担当ではなく、その月の担当が把握・記入する努力を自主的にしている
・共通の保育方針を職員だけが見える所に貼り、非常勤にも理解してもらえるようにしている

《日々のコミュニケーション》
・目を離さず、職員同士の声かけをしっかり行う
・受け入れの様子、特例保育時間の様子などを決まった時間に報告する
・当日は職員同士、声をかけ合い、子どもの様子に合わせすぐに対応できるようにしている
・日々のコミュニケーションを積極的に行うようにしている
・何でも話せる言い合える関係づくりを日頃から行うようにしている
・朝、連絡帳を声を出して読むなど毎日の様子を報告しあう

・世代・生い立ち・性格の違う保育者がクラス運営をしていくにあたり、お互いの人格を尊重し合える関係づくりを目指す
・担当児のかわいかった姿など自慢する時間をつくっている
・看護師・栄養士とも日に1回はクラスに来てもらい連携をはかる
・派遣や非常勤は打ち合わせに出ないので日々の会話を大切にしているが内容によっては時間をつくって対応

《役割分担》
・子どものことだけでなく、他の仕事の分担を行い、円滑に仕事が進められるようにする
・保育の進め方の基本は決めているが、子どもの姿に臨機応変に対応することを職員間で認識している
・仕事分担を明確にする（表にする等）
・第2担当者も決め安定を図っている
・個別対応している時に他グループ担当がしっかりフォローをしている

《保育士の思い》
・担当以外の子どもにも積極的にアプローチすることで共通理解が得られるようにする

B ①担当制をしていない理由

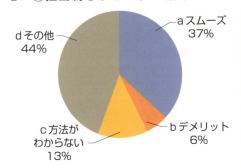

〔項目〕
a 職員の動きとしてスムーズだから
b メリットよりもデメリットの方が多いと思うから
c 具体的な方法が分からないから
d その他・正規2名の担任のため、実施が困難だから
　　　　・長時間保育の子どもが多いのでどの職員でも安定できるようにするため
　　　　・たくさんの職員の目で成長を見守るため
　　　　・基本の保育者は決めているが固定せずみんなで見るため
　　　　・人的に難しい
　　　　・集団が小さいので必要を感じないから
　　　　・子どもが合う職員を選ぶことを尊重したいため
　　　　・園での前例がない

担当制を実施していない理由として、職員の動きとしてよりスムーズであるという理由が37％と最も多かった。一方、具体的な方法が分からない点から実施していない園が13％、担当制のデメリットを懸念する点をあげている園が6％見られた。その他、どの職員とでもかかわれるようにといった配慮に加え、園の人的環境によって実施が困難であるということがあげられた。実施していない理由は園によって様々であるということが分かった。

第4章　0歳児保育の実態調査

②子どもの愛着形成における工夫（自由記述）

《保育者の思い・かかわり》
- 子どもの気持ちに寄り添う
- 子どもと保育者との相性も大切にする
- 求めてこない子にも平等に声をかけたりかかわるようにしている
- 子どもの要求をしっかりと受け取る
- 全員必ず1日数回は抱く、膝に乗せるなどしていく
- 子どもたちとのかかわりを深める時にしっかり肌と肌を合わせてかかわっていくようにする
- 目を合わせて対応していく
- 個々を大切にしっかり受けとめていく
- 子どもが求めている時はいつでもすぐに対応できるようにしている
- 子どもから離れたり何かをする時は事前に目を見て声をかけることを意識している
- 時期によって配慮が違うが個々の欲求に応え丁寧にかかわる
- スキンシップをとりゆったり過ごす中でかかわりを深める
- 「大好きだ」ということをことばや態度で表し伝えていく
- どの子にも同じように目を合わせて笑顔で声をかける、抱きしめる
- 子どもに親しみを持って接する
- 子ども一人ひとりを大事にする

《ゆるやかな担当制》
- 不安定な子には特に同じ保育者がつく
- 慣れるまでは同じ保育者がかかわることもある。色々な視点で気づき合ったことを話すようにしている
- 入園当初はできるだけ同じ職員が受け入れ対応し少しずつ色々な職員に慣れるようにしている
- 入園当初は担当を持ち、月齢発達にも合わせたかかわり、安心できるかかわりができるようにする
- 慣れた時期、高月齢・低月齢の2グループに分かれて発達に合わせたあそびを配慮している
- 応答的なかかわりを心がけ、子どもが安心して過ごせるよう求められた大人が対応したり、自然なかかわりの中で愛着関係が芽生えるようにしてる
- できるだけ子どもたちが自分で選択した職員が対応している（抱っこ・おんぶ・あそび・アタッチメントは不可欠）
- 入所後、慣れるまで時間のかかる子には緩い担当にすることもある
- 複数の保育者の中で安心して遊べる環境づくりとその中で子どもの好きな保育者を選びかかわれるようにしている
- 特定の保育者を求める子に対してはなるべくその職員がかかわることで安心できるようにしている

《職員の連携》
- 様々な側面から子どもを捉えられるよう意見交換を頻繁にしている
- 一人ひとりの日々の様子を職員同士細やかに情報交換していくことで共通理解され対応が一本化されていく

《保護者支援》
- 家庭との連携を密にしてかわいい姿は保護者に積極的に伝え園と家庭とでゆったりと受けとめていく

③子どもの共通理解や職員間の連携の工夫（自由記述）

《会議》
- 色々な職種の職員がいるので専門的な事柄はしっかり聞き職員全体が把握できるようにしている
- カリキュラム作成時や連絡帳から読み取れることの情報の共有
- 個別の情報は指導計画に記載し打ち合わせを通して園全体に周知している

《記録の活用》
- 掲示や連絡ノート（視診簿）の利用

《日々のコミュニケーション》
- 担任同士、お互いに声を出す
- 気づいたことは1日のうちで必ず話すようにしている。
- 場面ごとに子どもの様子を伝え合えることで子どもを理解できるよう日々、報告・連絡・相談を欠かさないようにしている
- 常に報告し合える関係づくり
- 気がついた時に伝え合ったり成長している姿を一緒にみつけたりしているが職員の数が多いと伝えきれない課題もあり
- 気づき・振り返りをその都度、解決しズレのないよう細やかに非常勤も含めて話すようにしている
- 職員同士がしっかりとコミュニケーションをとり子どもの情報を共有している
- 夜間保育園でのシフトや病後児保育の担当者・短時間勤務者がいる中で情報交換・連絡を密にしていく

《役割分担》
- 入所後、慣れるまで時間のかかる子には緩い担当にすることもある
- 子どもが求める保育者とかかわれるように連携、機嫌のよい時に他の保育者ともかかわれる信頼関係をつくっていく

《保育者の思い》
- 保護者に手作りのぬいぐるみの作成を依頼し、園でも一緒に過ごすことで家庭のぬくもりを感じられるようにしている
- まわりにアンテナをはることを意識している

第4章　0歳児保育の実態調査

9. ヒヤリハット

①0歳児保育の中で、どのようなヒヤリハットがあったか

　0歳児保育の中で起きた事故（ヒヤリハット）については、転倒が266園と最も多かった。次に衝突、手や足をはさむなどの不意の事故が多く、次に誤飲・誤食などのケースも見られた。落下も12園で回答があった。

　その他の報告として、噛みつき、引っかきやモノを投げるといったこの時期の子どもに特徴的な内容や、保育の状況における危機管理の課題など、様々な事故が報告された。

〔項目〕
a 誤飲（遊具、他）
b 誤食
c 衝突
d 転倒
e 火傷
f 手や足をはさむ
g 落下する（抱っこやおんぶから・ベッドから）
h その他・噛みつき・新しい食材を食べる時の確認・ねじの紛失・引っかき・玩具が棚から落下・ハイハイしているうちに顔を床に打つ・玩具の振りまわし、投げる・打撲・ラックや椅子からの抜け出し・アレルギー児・食事形態人数報告ミス・玩具の劣化・散歩カーがきちんと開いていなかった・午睡中の嘔吐・園庭内バギー内に子ども置き忘れ・ホクナリンテープ紛失・室外へ出てしまう・他児の顔に興味を持ち口や耳に指を入れてしまう

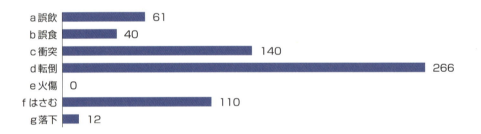

②ヒヤリハットを防ぐ工夫（自由記述）

《共通理解》
　・子どもの発達をクラス全職員が共通理解、把握する
　・保育中のヒヤリハットも口頭で伝え合う
　・保育室、テラス、園庭など、生活する場所に対して保育者が常に危険への意識をもつ
　・職員の動線、対応、保育の進め方など、検証、見直しして、職員全員で意識することを大事にしている
　・食材チェック・配膳チェック・調理・栄養士・看護師との打ち合わせ
　・事故防止マニュアル（園内・園外）に沿って危険個所について全職員が把握
　・玩具や遊具を新しく出す時に危険があればどのように対応したらよいか話し合う

《保育中の対応・配慮》
　・月齢に合った遊具を使う
　・遊具を適宜片付ける

- 座位が不安定な子にはクッションを使用し、保育者がそばにつく
- 小さい玩具は使用後、数の確認をする
- 歩行時は玩具を持たせない
- 職員同士、声をかけ合う
- 一つひとつの行動をゆっくり丁寧に行う
- ドアの開閉、抱っこ、おんぶする時など、どんなことでも声かけをしている
- 公開保育を通し、他クラスの職員にも見てもらい、アドバイスをもらう
- 連絡帳の渡し間違いがないように声を出して渡すようにしている
- 複数の目で確認
- 活動の切れ目や移動の際、人数確認をする
- 子どもの動きにすぐに対応できるように職員間の位置、アイコンタクトをとるようにしている
- 子どもの成長に応じ（噛みつきなど）把握し、周知し少人数で過ごしたり声をかけ安全な行動になっているか注意する
- 危険を感じたら遠慮なく声をかけ合う
- 個々の特性による動きの予測
- 噛みつき・引っかきを未然に防げるように見守りの位置を考える
- 子どもが立っている時は転ぶことを予測し、援助できるように必ずそばにつく
- 日頃から這い這いを促したり巧技台などで動物あそびを取り入れ、体づくりを楽しみながらしている
- 衝突回避としてはよく動く子にはスペースを広く持つ
- 動きが大きい子のそばに保育者がつくようにする
- ゴミや小さな物が落ちていないか常に注意し、あったらすぐに拾う
- 園内外の点検は用務職員も清掃をしながら危険なところがないか点検している
- 手作りパーテーションのテープ部分をかみちぎり口の中に入れたことがあったので補強し定期的に点検し注意する
- 登園時に爪が伸びていないか確認し、保護者に切ってもらうよう伝える。長い時は職員に周知する
- 保護者にも誤飲防止策を周知している
- さ湯は冷めてから室内に置く（ケースの中に入れている）
- アレルギー食については複数での確認を必ずしている
- 誤食がないように食後に着替え、衣類の食材付着を防止している

《環境整備》
- ベビーカーの部品で手をはさまないように布で覆ったり、ベビーカーの持ち手をかじらないように布で覆う
- 窓枠の部品の段差に登らないよう板を取り付けている
- ろくぼくの柵の間にフェルトで印をつける
- 引き出しにはストッパーを付けている
- つかまり立ちやお座りは、安全な場所でできるようにしている
- 段差をなくす、マットを置く、棚などには転倒・怪我防止マット・テープを貼る
- 日々の点検、破損や変化に対して敏感になる
- 危険な箇所や、気になる場所には対策を施す
- あそびスペースにはジョイントマットを敷く
- 遊具の点検は毎日の遊具洗い・遊具拭きの時にする
- ネジ類の確認

第4章　0歳児保育の実態調査

- ・ロッカーに鍵をかけている
- ・扉に指がはさまらないようにガードがある
- ・誤飲については遊具の確認を行い、飲み込みやすいものは置かない
- ・39×51ミリ以下の玩具は使用しない
- ・誤飲チェッカーを利用して玩具選びをしている
- ・物的環境整備にはその大小に応じた経費がかかる
- ・アレルギー児の対応は、個別トレー、職員間の確認、チェック、動線を考え他児と交わらないようにしている
- ・離乳食形態の掲示

《ヒヤリハットの活用》
- ・ヒヤリハットの危険性が高い場所を全員に周知する
- ・ヒヤリハット報告書を記入し、原因と対策を考え話し合う
- ・ヒヤリハット用紙を利用し、園全体で共有している
- ・月1回の避難訓練の報告書の裏面を年齢別のヒヤリハットチェック表とし、点検している
- ・怪我が起きた事故報告書を書き、打ち合わせで反省し、同じことを繰り返さないようにする
- ・事故報告書を記入することで、原因、対策を明確化し、分析して再発の防止を図る、職員が意識を高める
- ・毎月、事故対策チェックリスト表を用いて、確認を行い事故防止に努める
- ・ヒヤリハット委員会・危機管理委員会の設置
- ・引継いだ過去のヒヤリハットを元に反省を活かした環境をつくる
- ・インシデント・アクシデント記録をつけ全職員で共有し月ごとに分析表にまとめ再発防止を行っている

《予防》
- ・看護師により危険性について指導を受けている
- ・園内研修で専門家の方の話を聞き意識が高まった
- ・新人保育士と予測できる姿をあげてシミュレーションしてみる
- ・家庭での事故も情報収集し「そんなこと」が園でも起こり得るとして捉えるようにしている
- ・抱っこ・おんぶなどは新年度に確認しおんぶの経験の少ない保育者は練習を重ねている
- ・0歳児の怪我はどんな怪我でも大人の配慮不足から生じるものという認識を持ち、細心の注意を払う

4　アンケート結果の総括

東京家政大学　堀　科

今回のアンケートでは、次の9項目により各園の実態について調べた。

【1】　保育室の位置	【6】　生活・健康・衛生環境
【2】　受け入れの月齢	【7】　あそび場所・くつろぎの環境
【3】　子どもの人数	【8】　人的環境
【4】　職員の数	【9】　ヒヤリハット
【5】　食事	

　なお、今回は東京都公立保育所の実態把握を目的としているため結果による分析は行わないことから、集計方法は単純集計であり、項目間の相関関係をみるクロス集計については行っていない。下記に各項目について多く見られた結果を総括する。

1. 物的環境

　保育室の位置は2階が最も多いという結果であった。生活環境については、食事やおむつ交換については専用スペースを設けるなど、生活場面とあそび場面を分けている園が多い一方、午睡スペースについては、時間帯により併用している園が多く見られた。ヒヤリハットについては、転倒や衝突などが最も多く、これらを防ぐために職員間の連携や環境整備などの工夫があげられた。気温や湿度などの環境把握についても記録をとっている園が多く見られた。

2. 人的環境

　受け入れの月齢は、産休明けの乳児が最も多く、次いで6か月児であった。人数と

しては、6〜10人が最も多いが、11人以上受け入れている園も多く、なかには21人以上の乳児を受け入れている園も見られ、集団の大きさを課題と感じている園も見られた。これらに対応して乳児クラスの職員数は、4、5人体制が最も多い値となっている。

　また、担当制については、9割に近い園が担当制を実施しており、月齢や発達によって分けている点が明らかになった。担当制の実施方法については、全面的担当制と一部担当制とでほぼ近い値であった。なお、0歳児クラス1年間の担当制をとっている園が最も多く、1歳児クラスへの持ち上がりについては1割強であった。担当制を実施していない園では、職員の動きがスムーズであるという点が実施しない理由としてあげられているが、子ども理解や愛着形成における配慮についての様々な工夫があることが分かった。

3. 保育内容

　生活場面では、食事におけるミルクや乳首は園で用意するケースが多かった。なお、冷凍母乳については実施している園が多くあったが希望がないという理由で実施していない園も見られた。おむつについては、紙おむつが9割を超えており、布おむつ使用の園は1割に満たない値であった。

　あそび場面では、運動発達を促す遊具や、五感を育む玩具など、子どもの発育・発達を考慮した工夫が見られた。絵本については子どもの主体性を考慮し、子どもが手に取れるような場所に配置している園が最も多かった。

5 アンケート結果から 見えたこと・感じたこと

　「アンケート調査後の考察や分析はしない」と申し合わせてのスタートではありましたが、予想以上に熱い回答が私たちの掌からこぼれるほど集まりました。その熱い想いを受けて、編集委員メンバーで率直にアンケート結果から見えてきたこと・感じたことを語り合う時間を設けてみました。以下、参加者たちの声です。

・各項目のコメントは各園の大切にしたいことなどが伝わってきた。しかし、若い保育者たちが読んだ時に「こういう時は、こうしなければならない」とマニュアル化してしまうのもどうなのだろうか？　保育はマニュアル本片手にできるものではない。先輩たちの背中を見て感じて、先輩たちの口から語り継がれてきたものである。文章だけで表現していく難しさも感じた。

・コメントの中には違和感を覚える文章もあった。それは、今までの自分の保育観とのズレや各区の現状の違いかもしれない。子どもの健やかな成長を願うゆえの配慮や職員間の連携は状況に応じて変化していくので文章での表現となると統一感が保たれないコメントもあったかもしれない。しかし、正解を提供するのではなく、ありのままの保育を伝えるためにも、あえて修正や削除はせずに掲載した。

・本来、0歳児の職員の配置基準は子ども3人に対して1人とされているが問【4】のグラフから読み取れることとして、それよりも多くの人がかかわっている現状が分かる。もう少し、よく見ると1対1または、1対2の食事・SIDS対応の午睡5分チェック・愛着関係の確立のための方法のひとつとしての担当制の導入など現場でたくさんの工夫がされている。子どもたちの健やかな成長を願う職員たちの内部努力により、人員確保をしていることが職員の数から考えられるのではないかと思われる。

・担当制を年間通して実施している園が多いことに改めて驚かされた。自分の園は20：00までの長時間保育を実施しているので年度当初のみ担当制を実施している。0歳児だからこそ、愛着関係の大切さは分かるが特定の保育者との関係よりも、色々な保育者との関係を選ばざるを得ない現状がある。

・保護者との関係では、子どもが家庭で過ごしてきた環境により近づけるための園ご

との歩み寄りが感じられた。しかし、時代の流れと共に子育ての価値観が多様化している今だからこそ、「ここまでは園として譲れないよ」と示すラインも必要なのではないか？

　以上のようにアンケートの集計に留まらず意見を交換し合えたことで、また別の視点から調査結果を読み取り日々の保育を振り返る機会を得られたと感じました。アンケート前にこの冊子が「専門性向上のための指南書、保育を変えたいと思った時の参考書的な1冊になればよいのではないか」と考えていましたが、語り合ってこそ指南書や参考書へと変化し有効活用されることに意見交換を実践して気づかされました。
　是非、園内研修などの資料に活用していただきたいと切に願います。

おわりに

　近年、待機児童対策として質よりも量を求められる傾向を危惧する私たちにとって、時代に流されず公立保育園が構築してきた０歳児保育の在り方を守りながら柔軟に目の前にいる子どもたちにとっての最善の策を模索していく仲間がこんなにもいることに励まされました。

　当初、私たちは若い保育士たちへバトンをつなぐ想いで、作業を進めてきました。しかし、子どもたちの姿が経験として分かる先輩の職員にこそ、若い人たちと共に０歳児保育の何が大切なのかを考えるきっかけにして欲しいと考えました。

　このアンケート結果の一つひとつの文章をさらっと読んで欲しくない。そこに込められた子どもに向き合う保育士としての深い想いや大事にしたいことを、経験を重ねた先輩が現場の中で、後輩や若い保育士にしっかり伝えていって欲しい。公立保育園保育士として、もっとできることがあるのではないかと気づきました。

　同じ公立保育園でも区によって様々な事情があり保育時間も環境も人的配置も様々であること。今回のアンケートによって改めて東京都の公立保育園の現状を把握することができました。今、自分たちが置かれている現状に甘んじていてよいのか？　まだまだ公立保育園として、やるべきことがあるのではないかと問い直す機会にもなりました。

　どんなに保育環境の整った保育園できっちりとマニュアル通りの保育が行われていたとしても、人的環境である私たち保育士の優しいまなざしや子どもへの想い、保育士としての熱い情熱がなければ、子どもは笑顔で過ごせないでしょう。それを私たちは肝に銘じて保育をしていかなければならないと思いました。

　それはどんなに時代が変わり、こども園への移行や分園方式導入など保育園のシステムが変化したり、生活様式が変わったとしても「保育の根っこ」として変わらず、これからもずっと伝えていくべきもの、伝わっているものであると信じています。

　このアンケート結果が０歳児保育の現在から未来へつながる指南書となれば幸いです。

　最後になりましたが調査にご協力いただきました０歳児保育園の先生方、研究会理事の皆様、お忙しい中、アドバイスのみならずアンケート編集にも携わっていただきました堀科先生に謝意を表します。

参考文献

　『３歳未満児保育の手引き』東京都公立保育園研究会編著

　『赤ちゃんの発達──その生涯の最初の365日』テオドール・ヘルブルッケ／Ｊ・ヘルマ
　　ン・フォン・ビムプェン共著、福嶋正和訳、同朋舎、1979年

　『お母さんが育てる赤ちゃんの心』母子衛生研究会

　『０・１・２歳児の保育』小学館

　『幼児と保育』小学館

　『ことばの誕生──うぶ声から五才まで』岩淵悦太郎他著、日本放送出版協会、1968年

　『ことばの中の子どもたち──幼児のことばの世界を探る』今井和子著、童心社、1986年

　『発達がわかれば子どもが見える』田中真介監修、乳幼児保育研究会編著、ぎょうせい、
　　2009年

　『続　発達がわかれば子どもが見える』乳幼児保育研究会編著、ぎょうせい、2013年

引用文献

　「保育所における感染症ガイドライン」こども家庭庁、2023（令和５）年５月一部改訂

●写真提供

　千代田区　中央区　港区　新宿区　文京区　北区　渋谷区　中野区　杉並区　豊島区
　板橋区　練馬区　墨田区　各区公立園の皆様

●アンケート協力

　千代田区　中央区　港区　新宿区　文京区　北区　荒川区　目黒区　大田区　渋谷区
　世田谷区　中野区　杉並区　豊島区　板橋区　練馬区　墨田区　江東区　足立区　葛飾
　区　品川区　台東区　（江戸川区公立保育園では０歳児保育は未実施）
　各区０歳児保育実施公立園の皆様

　　アンケートには、当会会員ではない品川区や台東区の公立保育園の皆様にもご協力いただきま
　した。ありがとうございました。

『新０歳児保育の実際』編集委員

大田区	遠藤美佳子
中央区	松浦綾子
千代田区	大西祐里
千代田区	角山絵美
港区	金澤明子
新宿区	橋本知子
文京区	森幸枝
北区	村﨑恭子
北区	平林正子
北区	山口二三子
北区	加藤由記

北区	石井一美
目黒区	新井三智子
渋谷区	高橋洋子
中野区	石田芳枝
杉並区	渡辺聡子
杉並区	鈴木孝子
豊島区	斉藤裕子
板橋区	辰口信子
練馬区	関根朋子
練馬区	小倉婦美代
墨田区	平崎真智子

改訂新版　編集委員

大田区	遠藤美佳子
中央区	松浦綾子
大田区	八幡孝子
大田区	大久朋希
大田区	立田英樹
大田区	菊地布見子
大田区	長壁晴美

大田区	椎木真美子
大田区	菊地清美
大田区	石井久美
大田区	松井ユリカ
中央区	小原淳子
中央区	河田圭子

＊改訂新版用追加写真
| 墨田区 | 平崎真智子 |

DTP制作／リュウズ
装幀／山田道弘
装画／おのでらえいこ

改訂新版 新０歳児保育の実際

2024年12月25日　初版発行

発行責任者　田中　由佳
編集責任者　遠藤美佳子

発行　特定非営利活動法人
東京都公立保育園研究会
〒169-0074
東京都新宿区北新宿4‐8‐12‐401
TEL 03-3371-8057
Email：hoiku@token-2.or.jp

発売　㈱ひとなる書房
東京都文京区本郷2-17-13
Email hitonaru@alles.or.jp

Ⓒ2024　印刷／中央精版印刷株式会社
＊落丁本、乱丁本はお取り替えいたします。